Gabriele Haage

Ich ging den Weg des Schmetterlings

Eine Metamorphose

In ihrer packenden Autobiographie erzählt G. H. sehr anschaulich, wie man ohne Probleme mit dem sogenannten AIDS-Erreger HIV leben kann, ohne ein Leben lang Aidsmedikamente zu schlucken. Man lebt einen gesunden Lifestyle, keine Drogen, viel Bewegung, gute Ernährung und vergisst das Todesurteil, das die orthodoxe Medizin über jeden HIV-Positiven verhängt. Nur wenige wissen, dass es eine vollkommen andere Sichtweise auf die Thematik gibt. Gemeinsame Forschung und ein offener Dialog zwischen Vertretern der gegenwärtigen Theorie und der Theorie der Dissidenten ist längst überfällig.

Dr. Claus Köhnlein, Kiel

Gabriele Haage wurde 1958 in einem Örtchen nahe Bayreuth geboren. Ihre Kindheit und Jugend verbrachte sie in Nürnberg, wo sie auch heute nach elf Umzügen wieder lebt. Ihren ersten Traumberuf, Stewardess, übte sie 26 Jahre lang aus und flog für die Deutsche Lufthansa durch die Welt. Heute lebt sie ihre Berufung und arbeitet als freie Yoga- und Meditationsanleiterin.

Gabriele Haage

Ich ging den Weg des Schmetterlings

Eine Metamorphose

via verbis verlag

Die Deutsche Nationalbibliothek verzeichnet diese Publikation in der Deutschen Nationalbibliografie; detaillierte bibliografische Daten sind im Internet über http://dnb.d-nb.de abrufbar.

ISBN 978-3-933902-47-4

Druck: Präbst Satz & Druck GmbH, Dorfen

Verlagsanschrift:
via verbis verlag
wambach 23
84416 taufkirchen (vils)

www.viaverbisverlag.de

Das Bild für die Umschlaggestaltung stammt von Barbara O Kane und trägt den Titel „Die Herzen fliegen zur Sonne"

Um die Privatsphäre der in diesem Buch genannten Personen zu schützen, wurden einige Namen geändert!

Inhalt

Geleitwort

Gabriele, du hast eine Biografie verfasst, die ich in einem Rutsch durchgelesen habe. Mutig, anrührend und beeindruckend ist sie! Deine eigenen Erfahrungen mit der Körperwelt, den seelischen Zuständen und der geistigen Wirklichkeit sind wie in einem Tagebuch zugänglich gemacht. Nimmt man die grammatikalischen Bezeichnungen für die drei Lebensrealitäten ernst, nämlich Körperwelt, Weltseele und Weltgeist - im Unterschied zum Zeitgeist -, dann könnte man auf drei Bewegungsrichtungen aufmerksam werden, die das jeweilige Ziel veranschaulichen.

Das Ziel der Körperwelt ist die Welt, in die hinein sich einzelne, individuelle Körper in unendlich viele Elementarteilchen und Quanten auflösen. Die Dynamik der Weltseele zielt in die Tiefe der seelischen, unsichtbaren Gesamtwirklichkeit. Was ist die Einzelseele? Kommt sie erst durch viele Rückführungen und Seelenwanderungen bei sich an? Löst sie sich in die Weltseele auf, kehrt sie gleichsam in die Schattenwelt von Adam und Eva zurück, oder bleibt sie im emotionalen Feld der Mitmenschen? Gibt es dazu eine Alternative? Und nun noch zum Weltgeist. In der Geisteswissenschaft wird darüber reflektiert. Wie sind der Ursprung, die Bewegung und das Ziel des Geistes zu verstehen? Welches Selbstverständnis kommt einem einzelnen Geistwesen zu? Sind die Geister bzw. Engel eine eigene Spezies? Und was haben die drei Lebensrealitäten, nämlich Körperwelt, Weltseele und Weltgeist miteinander zu tun, und zwar im Hinblick auf das Individuum und die Welt als solche in ihrer kosmischen Verfasstheit?

Durch den Glauben an Gott, den ungeschaffenen Geist und seinen inkarnierten Christus fällt Licht nicht nur auf die Frage nach Körper, Seele und Geist, sondern auch nach Körperwelt, Weltseele und Weltgeist. In je verschiedenen Präsenzweisen ist Christus und seine Energie jeweils anwesend. In Jesus von Nazareth hat der ewige Christus so Fleisch und Blut angenommen, dass er im Lauf des irdischen Lebens Jesu Christi in Gott neu seine Vollendung gefunden hat.

In therapeutischer Perspektive unterscheiden wir physiotherapeutische, psychotherapeutische und pneumatherapeutische Heilverfahren. Damit sind Gesundheits-, Heilungs- und Heilserfahrungen verbunden. Letztere beziehen sich auf die Ankunft in der geistigen Heimat, die auf Erden anfängt und sich in Ewigkeit vollendet. Verletzte Seelen können wieder geheilt werden, kranke Körper wieder gesund werden. Da der Mensch in Körper, Seele und Geist existiert, kann systemisch gesehen von einer Wirklichkeitsebene in die andere Realität interveniert werden. Und manchmal erlebt jemand höchst wundersame Überraschungen. Aber es kann auch zu ganz normalen Verläufen kommen, das heißt der Körper vergeht, die Seele wird unsichtbar und der Geist kehrt in die geistige Wirklichkeit zurück.

Die christuszentrierte Lösung besteht darin, die Vergänglichkeit des Körpers zu akzeptieren und zu hoffen, dass die Seele und der Geist neu vereint werden. Mit einer neuen lichtvollen Materialität umkleidet findet die Geistseele durch das schöpferische Wirken Gottes in der Herrlichkeit der Ewigkeit ihr endgültiges Zuhause.

Seit Jahren arbeitest du in meinen Seminaren über Kommunikation und Spiritualität mit. Daher weißt du auch theoretisch: Wenn zwei Personen sich gemeinsam auf ihre natürlichen, organischen Triebe einlassen, gewinnt eine höchst differenzierte Beziehung eine einmalige Gestalt. Beim Kommunikationstrieb lässt sich auf der Beziehungsebene ein interessanter, emotionaler Mechanismus beobachten, der vor allem dann greift, wenn zwei Personen kommunizieren, bei denen das Lust- und Realitätsprinzip höchst unterschiedlich gewichtet sind. Es war dein Wunsch, deine Herkunftsgeschichte, bei der das Lust- und das Realitätsprinzip eine wichtige Rolle spielten, anzusehen. Denn erst durch die Ankunftserfahrung – dafür stehen die Repräsentanten, durch die auch die Gegenwart zugänglich wird – entsteht eine Perspektive in die Zukunft, und zwar eine realistische und lustvolle. Da du mich der Schweigepflicht enthoben hast, darf ich die Beobachtungen und Ergebnisse dieser Aufstellung darlegen.

Was passiert bei jemandem, der sehr gefühlsorientiert existiert und deswegen in Gefahr ist, sich irreal zu verhalten, das heißt das Realitätsprinzip nicht ernst nimmt? Und was geschieht bei jemandem, der sein Leben so realistisch organisiert, dass er im Grunde alles richtig macht, auch wenn er dabei keinerlei Lust verspürt, das heißt Freude und Schmerz lassen ihn weithin gleichgültig? Wenn einer solchen Person emotionaler Druck gemacht wird, bemüht sie sich noch mehr, alles richtig zu machen und den möglichen Fehler bei sich zu suchen, sich zu verändern, neue Ideen zu entwickeln und sich auf der Sachebene Lösungen auszudenken. Sie möchte ja in Balance mit sich selbst sein, und in Zukunft auf jeden Fall möglichst nichts falsch machen.

Anstatt bei einem Gefühl von Unlust über die unter Druck entstandenen Ängste zu kommunizieren, sucht die Person die Schuld bei sich und denkt sich: Ich habe Angst und Druck bald hinter mir, wenn ich mich sachlich verhalte. Dies kommt im Kommunikationsgeschehen bei der Person, die auf ihre Gefühle achtet und ihr Lustprinzip durchhält, nicht gut an, es sei denn, sie versucht realistisch die andere Person in ihrer Realität wahrzunehmen. Dann bricht die Kommunikation nicht ab, sondern es entsteht ein neues, realistisches Miteinander, bei dem die emotionale Grundveranlagung der Kommunizierenden berücksichtigt ist. Eine angstfreie, sachorientierte, glückende Kommunikation ist sowohl auf der Sach- als auch auf der Beziehungsebene möglich.

Um diesen Kommunikationsbaustein zu verstehen, ist eine systemische Aufstellungsarbeit mit zwei Repräsentanten sinnvoll, die jeweils das starke bzw. schwache Lust- und Realitätsprinzip als Flügel bei sich haben. Während des Prozesses wird jeder der Repräsentanten jeweils mit zwei schwachen und mit zwei starken Flügeln ausgestattet sein. Durch den evaluierten Dialog lernen diejenigen, die an der systemischen, choreographischen Aufstellung teilnehmen, wie sich glückende und missglückende Kommunikation auf einzelne auswirkt. Im Kraftfeld der Liebe kommt es zum Ausgleich zwischen dem Lust- und dem Realitätsprinzip.

Da die Welt für liebende Menschen ein offenes System ist, glückt die Beziehung über den Tod hinaus, bis jede Person ihre Vollendung in Freiheit und Herrlichkeit gefunden hat. Um Bernanos zu zitieren: Es gibt nicht ein Reich der Lebenden und der Toten, sondern nur ein Reich der Liebenden. Um deine biographischen Notizen vorerst zum Abschluss bringen zu können, hast du dir eine choreographische Aufstellung gewünscht, um mit einer Visionsszene in die Zukunft gehen zu können.

Bei einer solchen christozentrischen Aufstellungsarbeit geht es darum, durch Repräsentanten für eigene Seelenanteile und andere Menschen frei von fixierenden Vorstellungen zu werden, um neu zu sich selbst und zu Christus bzw. zu seiner Energie zu kommen. Durch Akte der Identifizierung und Entidentifizierung kann dies im Kraftfeld des Heiligen Geistes glücken. Durch Repräsentanten für Körper, Seele und Geist lässt sich der permanenten Regression in die Vergangenheit entkommen, sodass die genetische Herkünftigkeit, die seelische Identifizierung und die geistige Wahlverwandtschaft nicht mehr als Hindernis, sondern als Chance für ein eigenes zukünftiges Leben begriffen werden können. Der Kreislauf der unendlichen Seelenwanderungen ist durchbrechbar.

Realistisch betrachtet wirken sich Handlungen Einzelner über Generationen hinweg aus. Es kann zu Abhängigkeiten und Fixierungen kommen. In biblischer Zeit brachte dies ein Sprichwort auf den Punkt: „Die Väter essen saure Trauben und die Zähne der Söhne werden stumpf" (Hes 18,3). Dieses Sprichwort aber, so der Prophet Hesekiel, kann außer Kraft gesetzt werden. Von der Wirklichkeit Gottes her lässt sich in die Realität intervenieren. Unterbrechung ist möglich: „Siehe, alle Seelen gehören MIR; wie die Seele des Vaters, so auch die Seele des Sohnes. Sie gehören MIR" (Hes 18,4). Jede Geistseele ist unmittelbar zu Gott, der ewig schöpferischen Liebe, und so zu einer eigenen Freiheitsgeschichte fähig.

Für jeden Menschen gilt: sei rücksichtsvoll und ehrlich bezüglich deiner Herkunft, sei einsichtig und wahrhaftig bei deiner Ankunft und in Zukunft vorsichtig und aufmerksam! Vor dem Horizont der Ewigkeit schwimmst du in einem Meer von Möglichkeiten.

Die letzte Aufstellung auf dem Schwanberg bei Kitzingen, bei der es nach deinem Mandat um eine sinnvolle Zukunftsperspektive mit jemandem gehen sollte, verlief dann doch etwas anders, weil nun nicht mehr so sehr die Frage nach der Partnerschaft im Vordergrund stand, sondern allein du selbst. Wie kannst du dir innerlich zunächst selbst Partner sein? Die Aufstellung verlief also entlang des ursprünglichen Mandats, hatte aber als Ergebnis nicht die entsprechende Nähe bzw. Ferne zu jemandem, sondern du selbst warst nach dem dramatischen Hin und Her der letzten Wochen das Ergebnis. So wurdest du schließlich mit der Repräsentantin der reinen, weiblichen Liebeskraft identisch. Sie ist der Kern deiner Persönlichkeit. Dabei kam zu Tage, dass du selbst der Ort der Versöhnung von Realitäts- und Lustprinzip bist.

Mancher Ausdruck in deinem bisherigen Leben war teilweise auch eine Folge des immensen Drucks. Den psychoanalen Anteil gilt es kurzfristig wahrzunehmen, dann aber möglichst rasch hinter sich zu bringen. Als Ergebnis der Aufstellung gilt es folgendes zu verinnerlichen: Erstens: Für dich stehen alle Wege offen und es gibt in dir nichts, das dich daran hindern könnte, deinen Weg zu gehen. Denn bei dir selbst bist du angekommen und kannst bei dir zu Hause sein. So bist du frei für andere Freiheiten. Wie andere sich jeweils entscheiden, ist zu berücksichtigen, kann aber nicht direkt beeinflusst werden.

Zweitens: Gemeint ist damit nicht, dass es dir verboten ist, noch einmal im Rückblick all das zu betrauern und zu würdigen, was dir im Leben gefehlt hat. Gerade das Wahrnehmen der Bruchstückhaftigkeit der eigenen Existenz ist die Bedingung der Möglichkeit, den Mangel spirituell zu ergänzen und so zur sichtbaren und unsichtbaren Vollgestalt zu reifen. Die Geistkraft bringt alles in Balance. So werden wir zielführig vollkommen und doch nie perfekt. Die Offenheit und das Sehnen nach Liebe bleiben sinnvoll. Hoffnung besteht: wie im Himmel, so auf Erden.

Aufstellungsarbeit ist eine Form von praktizierter, liebender Vernunft. Was heißt das? Definiert man Vernunft als das offene, vernehmende Vermögen des Menschen, dann wird offensichtlich, dass sie von Anfang an nötig ist. Denn schon zu Beginn einer Aufstellungsarbeit kommt alles darauf an, wahrzunehmen, wie sich die Person, die aufstellen möchte, in Sprache und Gestik äußert. Sobald der Text inszeniert wird, ist es wesentlich, dass alle Repräsentanten in ihrer je eigenen Präsenz vernehmen, welche Dynamiken im System wirken. Wird der Prozess unterbrochen, lässt sich ein Szenenbild wahrnehmen. Die Vernunft, die zum Stehen gebracht wird, hat das Material für den Verstand erzeugt, der nichts anderes ist als eine stehende Vernunft. Wer anständig denkt, nutzt den Verstand, um das Geschaute und Erlebte so mit Reflexionen zu verknüpfen, dass darin sein bisheriges Wissen eine wichtige Rolle spielen kann. Normalerweise fängt dann die Dynamik wieder an: Wo der Verstand mental agierte, nimmt die Vernunft das Heft wieder in die Hand. So geht es von Szene zu Szene. Verstandesarbeit ist nur auf der Basis der Vernunft sinnvoll.

Die Vernunft vernimmt, der Verstand verknüpft. Andernfalls grübelt jemand nur vor sich hin und es kommen keine produktiven, weiterführenden Gedanken dabei heraus. Aufstellungsarbeit ist also nicht nur ein rationales, sondern vor allem ein vernünftiges Geschehen, bei dem alle Wirklichkeitsebenen zusammen wirken, so dass die Selbstaufrichtung des inneren Menschen im Energiefeld Jesu Christi und seiner Liebe glücken kann. Solches Denken öffnet das Herz in Dankbarkeit.

Paul Imhof, Nürnberg, 4. Juli 2017

Einleitung

Es gab Zeiten, da hätte ich mir nicht einmal im Traum vorstellen können, dass ich mich jemals so gut und so glücklich fühlen kann! Dabei müsste es von der Wahrscheinlichkeit her genau andersherum sein: Ich gehe auf die Sechzig zu, bin geschieden, mein mir bereits überschriebenes Erbe habe ich an meine Mutter zurückgegeben, meinen geliebten Beruf als Stewardess konnte ich aus gesundheitlichen Gründen nicht mehr ausüben, ich habe meine große Liebe beim Sterben begleitet, und ich bin HIV positiv.

Mit meiner Geschichte will ich Mut machen, all jenen, die durch Kummer und Schmerzen gehen, und sich nicht vorstellen können, jemals wieder glücklich zu sein oder das Leben zu meistern. Und ich möchte zu mehr Toleranz im Miteinander aufrufen, dazu, nicht zu verurteilen und schon gar nicht ohne jegliche Ahnung der Hintergründe, sondern in Anbetracht aller Aspekte abzuwägen.

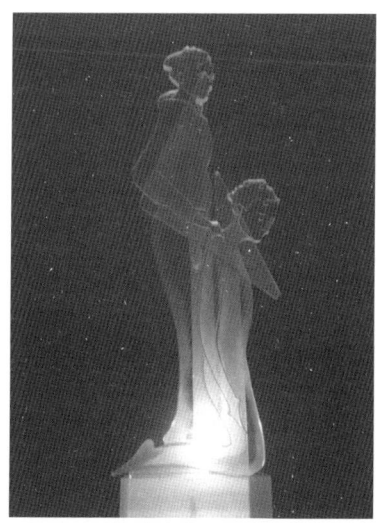

„Wenn richten, ... dann aufrichten." Wie der Künstler Peter Kalb es mit seiner Plastik „Word Statement" (Foto l.) zum Ausdruck bringt.

Widmung

Ich widme dieses Buch Klaus Theo Johann, dem „Sternenboten", der wie ein Komet in mein Leben einschlug, mich zum Erwachsenwerden zwang, mir meine Ängste und Verstrickungen deutlich machte und mir durch seine große Liebe und seinen unerschütterlichen Glauben ermöglicht hat, die Gabriele zu werden, die ich bin.

Und ich widme es meiner Mutter, die ich von Herzen liebe.

1. Ich ging den Weg des Schmetterlings

Der Schmetterling flattert so leicht und beschwingt durch die Lüfte. Keiner sieht ihm an, welchen Weg er hinter sich hat. Die gefräßige Raupe, manchmal prächtig anzusehen, manchmal unscheinbar, manchmal gar hässlich, lebt für ihr äußeres Wachstum. Nichts weiter ist von Interesse. Sie kennt es nicht anders, folgt ihrer Bestimmung. Unversehens jedoch ändert sich ihr Leben radikal. Sie beginnt sich einzuspinnen in einen schützenden Kokon. Was dort geschieht, ist unfassbar! Sie löst sich vollkommen auf und es entsteht ein Zell-Müll, ein regelrechtes Chaos. Und dann – eines Tages, keine Stunde zu früh – die Metamorphose, bei der sie ihre Hülle sprengt, sich herauszwängt wie aus einem engen Geburtskanal. Ein wunderschöner Schmetterling entfaltet seine bunten Flügel und fliegt davon.

Was für ein Sinnbild für unser menschliches Dasein. Für viele von uns geschieht genau dies. Erst nach Rückzug, Chaos, Zerstörung oder Auflösung bestehender Strukturen kommt ein neues Wesen ans Licht: das Wesen, unser wahres Selbst, das wir eigentlich sind bzw. schon immer waren. Dieser Prozess ist immer schmerzvoll. Die „Dunkle Nacht der Seele" (Johannes vom Kreuz) führt uns an unsere Grenzen. „Erst an einer Bruchstelle kann neues Leben entstehen." (Paul Imhof)[1] Gott reicht uns immer die Hand, um uns zu helfen, schwierige Zeiten zu überstehen und heil zu werden. Wir müssen allerdings seine Hand auch ergreifen und dann unsere Schritte gehen. Die Hände in den Schoß legen und zu erwarten, Gott macht das schon, funktioniert nicht. Wir können jedoch voller Vertrauen unsere Schritte machen, in der Gewissheit, dass wir nicht alleine sind.

2. Wie alles begann – eine Kindheit

Meine Seele hatte sich für dieses Leben offensichtlich einiges vorgenommen. Im Jahre 1958 wurde ich in das berühmte „Deutsche Wirtschaftswunder" hinein geboren. Der verheerende 2. Weltkrieg lag gerade einmal 13 Jahre zurück. Meine Eltern erlebten den Horror als Kinder mit; mein Vater wurde mit 16 Jahren „als letztes Aufgebot" mit dem sogenannten „Volkssturm" in den Kampf geschickt.

Nun aber herrschte Aufbruchsstimmung. Mein Großvater hatte auf dem Land im Fränkischen ein für die damalige Zeit typisches Siedlungshäuschen gebaut. Dort wohnten er und meine Oma Anna gemeinsam mit meinen Eltern: Barbara und Gottfried. Barbara war Gottfrieds große Liebe, die er bereits als achtjähriges Mädchen umgarnte. Die beiden haben geheiratet, sobald sie achtzehn geworden war.

Nach der Hochzeit mussten sie fünf Jahre warten, bis sich endlich der ersehnte Nachwuchs einstellte. An einem strahlenden Himmelfahrtstag im Mai erblickte ich das Licht der Welt.

Mein Vater verdiente unseren Lebensunterhalt als Handelsreisender in Sachen Schreibwaren. Demzufolge war er oft mehrere Tage in der Woche, auch über Nacht, unterwegs. Meine Mutter, eine bildhübsche junge Frau war viel alleine. So hatte sie sich ihr Leben nicht vorgestellt: ein Landleben als brave Hausfrau und, wie sie es ausdrückte, als „Dienstmädchen" ihrer Eltern. Die „Swinging Fifties" schwangen an ihr vorbei. Sie wünschte sich einen Tanzkurs. Gottfried war sehr eifersüchtig und engagierte kurzerhand einen privaten Tanzlehrer, der ins Haus kam. Wieder keine Ablenkung, nur ein wenig Stadtluft schnuppern und mit anderen Gleichaltrigen zusammen kommen. Da bot Gottfrieds Idee, einen GI zu engagieren, damit Barbara zu Hause Englisch lernen konnte, eine willkommene Abwechslung. Damals waren in der Nähe noch US-Soldaten stationiert. Wie willkommen diese Abwechslung war, sollte sich bald zeigen. Dieser GI und seine Schülerin verliebten sich.

Als ich zwei Jahre alt war, folgte meine Mutter ihrer neuen Liebe in das ferne Amerika. Ihre Ehe wurde geschieden. Damals gab es noch das sogenannte Schuldprinzip. Meiner Mutter wurde die Schuld und somit Gottfried das Sorgerecht für mich zugesprochen.

Den Betrug und den Verlust seiner geliebten Barbara hat mein Vater nie wirklich überwunden. Noch Jahrzehnte später stiegen ihm Tränen in die Augen, wenn – was selten vorkam – darüber geredet wurde. In unserer Familie waren „Reden", Dinge an- und aussprechen oder die „Wahrheit" sagen nie sehr populär. Daher rührt vermutlich mein heutiger, zugegebenermaßen extremer Drang zur offenen Kommunikation.

Dass ich selbst auch traumatisiert war, realisierte ich erst, als ich versuchte, herauszufinden, weshalb ich mich zuweilen ziemlich „gestört" verhielt.

Gottfried verließ mit mir das Haus seiner Schwiegereltern. Wir zogen nach Nürnberg. Damit ich versorgt war, holte er seine Mutter zu uns. Fortan war Mathilde für meine Erziehung zuständig. Sie hatte zwei Weltkriege mitgemacht und mitten im Kriegs-Wahnsinn vier Kinder großgezogen. Eigentlich sonnenklar, dass sie jetzt mit einem zweijährigen Kleinkind, das ständig nach seiner Mutter suchte, überfordert war. Nun ja, eine andere Lösung gab es nicht.

Gottfried war sage und schreibe sechzehn Jahre auf der Suche nach einer neuen Frau. Und er suchte wirklich! Waschkorbweise kamen Antworten von heiratswilligen Kandidatinnen ins Haus geflattert, die auf seine Anzeigen antworteten. Ständig war eine neue Freundin im Umfeld. Doch „die Richtige" war nie dabei. Die tauchte erst auf, als ich bereits volljährig und längst daran gewöhnt war, für mich selbst zu sorgen.

Bereits mit fünf Jahren hatte ich eine Menge häuslicher Pflichten zu erfüllen und Verantwortung zu tragen. Mathilde hatte mit gesundheitlichen Problemen und mit ihrem enormen Körpergewicht zu kämpfen. Meinem Vater gefiel es, mich „seine kleine Hausfrau" zu nennen.

Wenn er freitags am Abend müde und erschöpft von seinen Handelsreisen nach Hause kam, musste es in der Wohnung picobello und die Stimmung bestens sein. Wie sehr ich auch mit Mathilde gestritten hatte, oder was mir sonst auf dem Herzen lag, dafür war kein Raum. Ich lernte zu lächeln, egal wie es mir ging. Denn die Alternative erschien mir wenig erstrebenswert: Gottfried zu enttäuschen oder gar undankbar zu sein. Schließlich „opferten" er und Mathilde sich für mich auf, und ich hatte das Glück, in solch „guten" Verhältnissen aufzuwachsen. Ich hörte oft: „Deine Mutter hat Dich ja nicht brauchen können."

Da ist es vielleicht kein Wunder, dass ich als Heranwachsende und als junge Frau nicht gerade vor Selbstvertrauen strotzte und mein Selbstwertgefühl gegen null tendierte.

Ich habe wenig konkrete Erinnerungen an meine Kindheit. Die mir präsenten Szenen sind meist unerfreulich, leider! Ich bedauere dies sehr, denn ich bin sicher, es gab auch viel Schönes wie Lachen und Fröhlichkeit. Und ich weiß, dass alle ihr Bestes gaben. Mein Vater war gefangen in seinem Schmerz, fühlte sich betrogen und als Opfer. Meine Großmutter war schlichtweg völlig überfordert.

Und meine Mutter?

An diesem Verhältnis hatte ich lange zu kauen. Von Anfang an hatte ich meine Mutter auf einen Sockel gehoben, auf dem sie gar nicht stehen wollte. Sie symbolisierte für mich Freiheit. Sie war mutig, schön, und ich bewunderte sie zutiefst. Je schlechter Gottfrieds Familie über sie sprach, desto heiliger wurde sie für mich.

Von ihren späteren Erzählungen, von denen es leider nicht viele gab, erfuhr ich, dass sie wohl immer versucht hatte, mich nach Amerika zu holen und das Sorgerecht zu erstreiten. Das ging natürlich nicht ohne „schmutzige Wäsche zu waschen". Bei einer Auseinandersetzung ließ sie sich dazu hinreißen, zu behaupten, Gottfried sei gar nicht mein Vater. Anders konnte es für mich auch gar nicht sein, denn in Gottfrieds Familie fühlte ich mich ziemlich fehl am Platz. Ich wünschte mir, dass die neue Liebe meiner Mutter, John, mein „Daddy" ist. Mit diesem Bild, dieser Hoffnung, vom fernen imaginären Super-Vater wuchs ich auf. Davon nachhaltig und glaubwürdig befreit wurde ich erst mit Mitte 40 bei einer systemischen Familienaufstellung.[1]

Meine Mutter schaffte es mit der finanziellen Hilfe ihrer Eltern, einige Male nach Deutschland zu reisen. Bei diesen Gelegenheiten durfte sie mich jeweils kurz sehen, denn ich als Kind „sollte mich nicht an sie gewöhnen". So habe ich auch an diese Besuche keinerlei Erinnerung! Vermutlich waren diese Begegnungen mit ihren unvermeidlichen Abschieden zu schmerzhaft und ich habe sie verdrängt.

Nach vier Jahren in den USA war auch die Ehe mit John gescheitert. Meine Mutter kehrte für immer nach Deutschland zurück. Laut Erzählungen meines Vaters ging es ihr damals psychisch und physisch sehr schlecht. Es wurde behauptet, ihr Mann habe sie geschlagen und sehr schlecht behandelt. Natürlich fehlte nicht die Bemerkung: „Sie ist ja selber schuld. Das geschieht ihr recht."

Nach ihrer Rückkehr lebte sie in meinem Geburtshaus und

führte ihren Eltern den Haushalt. Auch dieses Verhältnis war alles andere als einfach. Zwischen Mutter und Tochter herrschte permanent Spannung. Ihr Stiefvater war der ruhende Pol. Leider verstarb er früh. Der leibliche Vater meiner Mutter hatte sich im damaligen Wohnhaus erhängt als sie acht Jahre alt war. Dieses Trauma wurde nie bearbeitet. Ich denke, die damalige Zeit war durch das Kriegsgeschehen generell traumatisierend. Nach dem Krieg war Aufbau und nach vorne blicken angesagt und wichtig. Zähne zusammenbeißen und weitermachen. Es gab drängende äußere Sorgen, die eine innere Aufarbeitung nicht zuließen. Heute weiß man, dass Traumata bis in die 4. Generation epigenetisch weitergegeben werden. Könnte es sein, dass es nun die Aufgabe unserer Generation ist, an der Auflösung dieser verdrängten Erlebnisse und Schrecken zu arbeiten? Wir haben jetzt die Möglichkeiten dazu.

Mutter und Tochter lagen quasi im Dauerstreit. Ich erinnere mich an meine späteren vergeblichen Versuche, Streit zu schlichten und Frieden zu schaffen. Mein „Versagen" machte mich wütend und traurig zugleich. Auch als meine Mutter sich zur Krankenschwester ausbilden ließ und im Nervenkrankenhaus arbeitete, entspannte sich die Situation nicht. Gerade durch die anstrengende Arbeit und die Nachtdienste lagen ihre Nerven oft blank. Oma Annas Leben war auch nicht einfach. Sie hatte viel erlebt und offensichtlich irgendwann ihr Herz verschlossen, um sich vor weiteren Verletzungen zu schützen. Sie ließ niemanden mehr an sich heran, selbst ihre Tochter nicht, und konnte ihr somit keine Liebe geben.

Ich liebte sie sehr, und sie tat mir immer leid. Wenn ich versuchte, ihr beim Verabschieden ein Küsschen auf die Wange zu geben, drehte sie sich jedes Mal weg und wurde stocksteif. Wenn ich ihr dann von der Tür aus zuwinkte, hatte sie Tränen in den Augen.

Häufig waren meine Besuche bei den beiden nicht. Nach der Rückkehr meiner Mutter wurde die Besuchszeit auf monatlich drei Stunden (!) festgelegt. Zumeist besuchten mich die beiden in Nürnberg. Wir gingen bummeln oder in den Tiergarten. Meist wurde ich von Oma mit Geschenken verwöhnt; ich durfte mir etwas Schönes zum Anziehen aussuchen, und beim Verabschieden steckte sie mir einen Geldschein zu. Manchmal jedoch nahm meine Mutter die enorme Anstrengung auf sich und fuhr mich in meine alte Heimat. Das hieß für sie: 80 km nach Nürnberg, 80 km zu Gottfried, 80 km zurück nach Nürnberg und wieder 80 km nach Hause. Letztendlich blieb uns nur *eine* gemeinsame Stunde auf dem Land. Ich liebte Tiere, und hier gab es eben Hunde, Hühner, eine Zeitlang ein Schaf und eine Ziege, ja sogar zwei Rehe im Gehege und viele Jahre lang einige Ponys. Meine Bitten um eine Verlängerung wurden stets abgelehnt. Die gesetzliche Regelung musste unter allen Umständen eingehalten werden. Allein dieser Punkt sorgte dafür, dass in mir ein Gefühl der Verachtung für den anderen Teil meiner Familie wuchs.

In den Schulferien allerdings wurde manchmal eine Ausnahme gemacht und ich durfte einige Tage mit meiner Mutter und Oma auf dem Land verbringen. Das war herrlich! Gerade weil ich so gerne dort war, erlebte ich es als besondere Härte, wenn ich mit Gottfried und Mathilde ganz in der Nähe war, aber nicht zu meiner Mutter durfte. Da halfen kein Betteln und kein Weinen! Gottfrieds Schwestern lebten in Bayreuth, wo wir sie häufig besuchten. Eine Tante hatte selbst drei Kinder. Bei ihnen wurde ich zuweilen abgegeben, um Mathilde zu entlasten oder um Gottfried Freiraum zu verschaffen. Schließlich konnte man nicht jede „neue Braut" gleich mit „dem Kind" konfrontieren. Natürlich war es auch schön, mit meinen drei gleichaltrigen Cousinen, mit denen ich mich gut verstand, zusammen zu sein und zu spielen. Denn in Nürnberg hatte ich vor der Schulzeit kaum Kontakt zu Kindern. Ich durfte nicht in den Kindergarten und war viel mit meiner Großmutter allein. Es gab einen kleinen Hohlraum im Inneren eines Erkers; dort hatte ich einen Rückzugsort. Es war meine kleine Höhle, in der ich in meiner Fantasie-Welt leben konnte: hierbei erweckte ich Stränge bunten Nähgarns zum Leben. Es wurden Prinzessinnen, edle Ritter, Prinzen, gute Feen und Tiere daraus, die ich stundenlang miteinander kommunizieren ließ und Geschichten erfand.

Leidenschaftlich gern schaute ich fern. Fury, Lassie, Flipper, und am Freitag Abend, wenn ich ganz brav gewesen war, durfte ich mit Papa „Dr. Kimbel auf der Flucht" sehen. Mutige Menschen und Tiere, die sich füreinander und für in Not Geratene einsetzen. Starke Männer, Familienglück, das bewunderte ich.

Endlich in der Schule, knüpfte ich rasch Kontakte. Leider war mein Ausgang sehr begrenzt. Ich nutzte jede Lücke. Hatte ich mich nicht an die Regeln gehalten und wurde erwischt, kam oft der Satz: „Du wirst wie Deine Mutter", was nicht als Kompliment gemeint war.

Ich glaube, mein Vater hat mich nie geschlagen. Diesen Part übernahm Mathilde – wenn sie mich denn mit ihrem Kochlöffel erwischte. Er bestrafte mich, nicht weniger schmerzhaft, psychisch, z. B. indem er „enttäuscht" von seiner Tochter war.

Meine Mutter spielte in meiner Erziehung keine Rolle. Bei unseren seltenen, kurzen Zusammentreffen entwickelte sich eine ganz eigene Beziehung.

Ich erinnere mich an keinerlei körperliche Nähe wie z. B. eine Umarmung und erlebte sie immer distanziert. Dass ich sie abgöttisch liebte und verehrte wie eine Ikone, war mir gar nicht bewusst. Es durfte ja auch nicht sein, denn dann würde ich ja wieder meinen Vater zutiefst enttäuschen. Und schließlich hatte meine Mutter uns ja verlassen, wollte mich nicht haben und war ein „Flittchen". Diesen Ausdruck liebte Mathilde besonders. Sie bestärkte ihren Sohn in seinem Opfer-Dasein. Sie selbst war ja auch eines. Je älter ich wurde, desto schwieriger wurde mein Verhältnis zu ihr. Obwohl ich bei ihr aufwuchs, habe ich keinerlei liebevolle oder angenehme Erinnerung an sie. Ich gebe es wahrhaftig nicht gerne zu, doch ich begann meine Großmutter zu hassen. Sie ist der einzige Mensch in meinem Leben, von dem ich dies leider sagen muss. Ich erinnere mich, dass mich bei ihrer Beerdigung, da war ich vierzehn Jahre alt, ein regelrechtes Glücksgefühl erfasste. Ich musste mich ordentlich zusammenreißen, um nicht freudestrahlend an ihrem Grab zu stehen.

An was ich mich sehr gut erinnere, sind meine Ängste. Jeden Abend schaute ich voller Angst hinter die Vorhänge und unter mein Bett, um sicher sein zu können, dass dort niemand auf mich lauerte. Am liebsten hätte ich das Licht die ganze Nacht angelassen. Oft hatte ich Albträume. Damals half mir etwas weiter, wofür ich Gottfried und Mathilde heute noch sehr dankbar bin. Sie lehrten mich das Beten. Das Falten meiner Hände und die Bitte an Gott, mich zu beschützen, tat mir irgendwie gut. Das Gebet ist fester Bestandteil meines Lebens geworden und bis heute geblieben. Es gab Zeiten, die ich quasi nur im Dauergebet überstand. Und dies trotz meiner Aversion gegen das Wort „christlich". Diese hatte sich aufgebaut, da Mathilde jeden Morgen in ihrem Bett den Evangelium-Rundfunk mit für mein Empfinden übertrieben salbungsvollen, weltfremden Predigten anhörte, und auch durch ihr widersprüchliches und scheinheiliges Verhalten. Fast jeden Sonntag zur Kirche zu gehen, doch andere gnadenlos zu verurteilen: Das fühlte sich sehr falsch an!

Nach Mathildes Tod war ich Alleinherrscherin! War das schön! Gottfried war nach wie vor meist von Montag bis Freitag in ganz Bayern unterwegs, um die Händler mit Ware zu versorgen. Ich war frei. Das fand ich natürlich großartig! Doch gut für mich war es nicht.

Ich konnte nach Hause kommen, wann ich wollte, und ich konnte mit nach Hause nehmen, wen ich wollte. Mein gestörtes Verhältnis zum anderen Geschlecht trat voll zu Tage. Beim Heranwachsen hatte ich nie erlebt, wie Mann und Frau sich als Partner in einer Beziehung verhalten. Ich war „die Frau" in unserem Haushalt gewesen. Meine Aufgabe war es, meinem Vater zu gefallen und ihn auf keinen Fall zu enttäuschen. Ich war anpassungsfähig wie ein Chamäleon an seine Umgebung. Nie hatte ich einen Freund, oder einen Jungen, mit dem ich „ging". Ich schwärmte für David Cassidy, einen Serien-Helden meiner Zeit, und für einen Jungen, den ich manchmal auf meinem Schulweg sah. Wir fuhren mit der gleichen Straßenbahn nach dem Umsteigen am Hauptbahnhof. Dieser Junge war etwas ganz besonderes. Er hatte halblanges, dunkelblondes Haar, kleidete sich ungewöhnlich, ganz so wie es mir gefiel, und er schaute meist recht ernst und wissend drein. Es war nicht leicht, ihn in dem Gewimmel von Schülern rechtzeitig zu entdecken, um mit ihm in einen Waggon zu kommen. Wenn es gelang, nutzte es eh nichts, denn ich war viel zu schüchtern, ihn offen anzusehen, geschweige denn ihn anzulächeln. Dennoch war es großartig, in seiner Nähe zu sein.

35 Jahre später sollte ich ihm sehr nahe kommen!

Meine unerreichbaren „Schwärme" standen im krassen Gegensatz zu den Männern, mit denen ich zu tun hatte.

Ich war ein sehr hübsches Mädchen, was mir allerdings nicht wirklich bewusst war. Ich muss wohl die Ausstrahlung einer kleinen Lolita gehabt haben, denn die Männerwelt interessierte sich durchaus für mich: „Richtige Männer" und nicht die Jungs, die meinem Alter entsprochen hätten, von denen wollte ich nichts wissen.

Von Bindungsangst wusste ich damals noch nichts. Allerdings kam ich schon in recht jungen Jahren dazu, mich mit derlei Dingen zu beschäftigen, nachdem ich erkannt hatte, dass mit meinem Verhalten etwas nicht stimmen konnte. Vermutlich hatte ich damals „einen Ruf" – was mir allerdings niemals in den Sinn gekommen wäre. Ich ließ mich ohne weiteres abschleppen von Männern, die meist 20 bis 25 Jahre älter waren als ich. Selbstverständlich verheiratet oder stadtbekannte Playboys.

Ich glaube, ich gab mich jedem hin, der Interesse an mir bekundete und mich in irgendeiner Weise interessierte. Sex gehörte für mich einfach dazu. Niemand hatte mir beigebracht, auf meine Grenzen zu achten und auch einmal „nein" zu sagen.

Auf der anderen Seite sehnte ich mich nach einem Mann an meiner Seite, einem edlen Robin Hood, der mit mir die Welt verbessern würde. Heiraten und eine Familie gründen wollte ich allerdings keinesfalls.

Meine damalige beste Freundin entschied sich eines Tages, für mich Buch zu führen, damit ich nicht den Überblick verliere. Ein paar Dutzend Namen standen innerhalb weniger Jahre in ihrem Büchlein. Eine Zahl, auf die ich alles andere als stolz bin. Heute empfinde ich diesen Umstand als tragisch! Ich hungerte nach Nähe, Berührung, Zuwendung, Anerkennung: Liebe. Gleichzeitig hatte ich unbewusst panische Angst davor.

3. Volljährig

Endlich volljährig! Wie lange hatte ich mich darauf gefreut. Endlich durfte ich selbst entscheiden. Gottfried hatte mir verwehrt, auf ein Gymnasium zu gehen, trotz aller Bitten, Tränen, und Interventionsversuche meiner Klassenlehrerin. Ich hatte die Schule immer geliebt; sie verband mich mit der Welt. Die Mittlere Reife musste genügen. Gottfried war Kaufmann, und so sollte auch ich eine ordentliche Lehre im kaufmännischen Bereich absolvieren – was mir absolut nicht lag. Eine Frau braucht kein Abitur, so die damals noch gängige Anschauung. Ich hatte davon geträumt, Archäologie zu studieren, wenigstens aber das Abi zu machen und dann Schauspielerin oder Stewardess zu werden.

So begann ich nach der Realschule im Alter von sechzehn Jahren eine verkürzte Lehre in einem großen Möbelhaus. „Einrichtungsberaterin" war die klangvolle Bezeichnung, es machte diesen Beruf einigermaßen akzeptabel für mich. Die Lehrzeit stellte sich als gar nicht so übel heraus, ich durchlief alle Abteilungen des Hauses. Sehr bald wurde ich überwiegend am Empfang eingesetzt, was mir taugte. Sollten doch die anderen verkaufen und ihre Provision dafür bekommen! Nach eineinhalb Jahren – oft im Verkaufsbüro – wurde es öde. Sobald ich achtzehn war, kündigte ich.

Nun änderte sich vieles! Mein Vater hatte endlich seine neue Frau gefunden, eine junge, hübsche Krankenschwester. Vier Jahre älter als ich. Gottfried war ein sehr jugendlicher Typ. Kurze Zeit lebten wir unter einem Dach zusammen. Das war auch gut so. Ich hätte sie sicher nie als meine Stiefmutter oder jemand, der mir etwas zu sagen hat, akzeptiert, schon gar nicht nach meinem vollkommen selbstständigen Leben die Jahre davor.

4. Paris

Ich hegte schon lange den Wunsch, zu meiner Mutter in mein Geburtshaus aufs Land zu ziehen. Jetzt, da mein Vater versorgt war, stand diesem Schritt nichts mehr im Wege. Wäre er noch alleine gewesen, hätte ich es vermutlich nicht übers Herz gebracht, ihn alleine zu lassen. Ich wollte ihn noch immer nicht enttäuschen. Zum Zeitpunkt des Umzugs war allerdings bereits klar, dass ich als Aupair-Mädchen nach Paris gehen würde. Dorthin machte ich mich im Frühjahr 1977 auf den Weg. Ich hatte Glück mit meiner Gast- Familie. Sie lebte in einer feinen Gegend unweit des Triumphbogens in einer edlen Wohnung in einem der typischen Pariser Häuser mit bodenlangen Fenstern, kleinen Balkons, wunderschönem Treppenaufgang und mit einem Gitter-Aufzug, wie man sie aus alten Filmen kennt. Ich hatte ein hübsches Zimmer und teilte mir mit Laure, meiner kleinen Schutzbefohlenen ein Badezimmer. Laure hatte zwar einen ordentlichen Dickkopf, doch sie war mit ihren knapp drei Jahren dermaßen bezaubernd, dass man ihr gerne so manches nachsah. „Madame" war eine lebenslustige, selbstbewusste junge Frau und „Monsieur" ein äußerst charmanter Geschäftsmann. Ein schönes Paar. Die Familie war schwer reich, jedoch kein bisschen eingebildet, und bescheiden, immer freundlich und hilfsbereit. Außer dem Beaufsichtigen des kleinen Mädchens hielten sich meine Aufgaben im Haushalt in Grenzen. Es ergab sich die genau richtige Mischung für den Alltag. Am Morgen fuhr ich mit dem Bus zur Schule. Die U-Bahn mochte ich noch nie, auch nicht in Paris. Obwohl es wesentlich schneller gegangen wäre zur Alliance Francais zu kommen. Ich liebte das Busfahren. Die Strecke führte die Champs-Elysees entlang bis zum

Place de la Concorde und dann hinein in die Pariser Innenstadt. Vorbei an all den prächtigen alten Häusern, der Oper, den schicken Boutiquen und zahllosen Strassen-Cafés mit ihren Marquisen und geflochtenen Stühlen. In der Schule kamen Studenten aus der ganzen Welt zusammen. Ich wurde nach dem Aufnahme-Test in eine bunt gemischte Klasse eingeteilt. Die Zeit dort war tatsächlich nur aufs Lernen beschränkt. Private Kontakte zu den Mitschülern ergaben sich nicht, da jeder sofort nach dem Unterricht nach Hause fuhr. Hier gab es meist ein gemeinsames kleines Mittagessen mit Laure, Madame und mir. Danach schnappte ich mir den Buggy und los ging's in den nahegelegenen Parc Morceau oder direkt die Champs-Elysees hinunter in den kleinen Park vor dem Museum der Impressionisten. Das war herrlich! Ich liebte es, in Paris zu sein. Nach der Rückkehr sollte Laure ein wenig schlafen, und ich räumte auf oder bügelte. Am Abend war ich stets eingeladen, mit der Familie zu essen.

An meinem freien Tag traf ich mich mit anderen Aupairs. Wir ließen es uns gut gehen, durchstreiften die Stadt, und manchmal kochten wir zusammen. Da unser Budget knapp war, gab es meist Spaghetti; dazu den berühmten Rotwein mit den kleinen, in die grünen Flaschen geprägten Sternchen. Er schmeckte für seinen Preis erstaunlich gut.

Zuweilen besuchte ich das imposante Stammhaus von Lòreal. Dort war auch die Schule für die angehenden Star-Friseure untergebracht. Es wurden immer Modelle gesucht, damit diese üben konnten. So gab es für wenig Geld einen erstklassigen Haarschnitt nach der neuesten Mode.

Und dann waren da noch die Abende. Ich erkundete das Pariser Nachtleben. Irgendwie landete ich ziemlich bald in einer schicken Nobel-Diskothek. Dort traf ich Gabriel. Ein Bild von einem Mann! Er interessierte sich für mich, ich fühlte mich geschmeichelt und ließ mich auf ihn ein. Auch dies keine sehr rühmliche Episode in meinem Leben. Bald stellte sich heraus, dass Gabriel sein Geld als Porno-Darsteller verdiente. Er war verheiratet und verkehrte gerne in Swinger-Clubs. Heute wird mir schon beim Schreiben darüber übel. Obwohl ich das alles wusste, brach ich nicht etwa den Kontakt mit ihm ab, ganz im Gegenteil. Ich traf mich regelmäßig mit ihm in einem kleinen Hotel. Seine Frau wusste, dass er auch außerhalb seines Berufes mit anderen Frauen Sex hatte. Sie selbst war in Swinger-Kreisen unterwegs. Einmal begleitete ich die beiden sogar. Das war selbst mir zu viel. Ich war schockiert und angeekelt und verließ fluchtartig das Lokal. Dass es so etwas offiziell gibt, hätte ich vorher nicht geglaubt.

Gabriel hatte einen guten Freund, einen wohlhabenden Marokkaner. Er war schon etwas älter; ein kleiner Mann mit guten Manieren, der wusste, wie man Frauen verwöhnt. Gerne ging ich mit ihm in feinen Restaurants essen oder begleitete ihn zur Pferde-Rennbahn, wo er regelmäßig wettete. Er trat auf wie „ein Mann von Welt". Sich mit ihm zu unterhalten, war immer interessant und seine Gesellschaft angenehm. Für mich war sonnenklar, dass unsere Beziehung eine rein platonische war. Mit Gabriel war „faire l'amour" angesagt, mit dem Marokkaner ausgehen und genießen. Nie gab es den geringsten Annäherungsversuch. Er verhielt sich stets korrekt. Nach einigen Monaten lud er mich zu sich nach Hause ein. Er wollte marokkanisch für mich kochen. Ich fand das sehr nett und sagte gerne zu. Ich hatte keinerlei Bedenken. Leider. Nach dem Essen lernte ich ihn von einer ganz anderen Seite kennen. Er wurde zudringlich. Ich war vollkommen überrascht und wollte sofort gehen. Beim ihm brannten offensichtlich alle Sicherungen durch. Er wurde sehr zornig und versuchte es mit Gewalt. Es kam zu einem Kampf. Ich konnte mich in letzter Minute in die Gäste-Toilette einschließen. Von dort gab es keine Fluchtmöglichkeit. Wir waren im 4. Stock und der kleine Raum war fensterlos. Ich weiß nicht mehr, wie lange ich mich dort weinend, bittend und voller Angst verbarrikadierte. Irgendwann versprach er mich gehen zu lassen. Als ich mich hinauswagte, stand er mit einem Messer vor mir und zwang mich in sein Schlafzimmer. Bei meinem erneuten Fluchtversuch knallte ich erst mal gegen den Schrank, bevor er mich bäuchlings auf sein Bett warf. Es gab kein Entkommen mehr. Ich weiß nur noch, dass die Vergewaltigung äußerst schmerzhaft war. Wie ich nach Hause gekommen bin? Keine Ahnung.

Ich kann mich nicht einmal mehr an den Namen des Marokkaners erinnern, nur noch daran, dass ich die Tage darauf mit Fieber und einer heftigen Mandelentzündung im Bett lag. Meiner Gastfamilie erzählte ich kein Wort von dem, was mir widerfahren war. Ich konnte nicht darüber sprechen. Der Schock saß zu tief! Außerdem schämte ich mich fürchterlich: selbst Schuld, wenn man sich in solchen Kreisen bewegt und ein solch liederliches Leben führt.

Ich wollte nur noch zurück nach Deutschland. Meine Gastfamilie konnte dies nicht begreifen. Wir hatten uns so gut verstanden, wollten in Kürze gemeinsam in das Chalet der Familie in die Berge fahren und hatten auch schon darüber gesprochen, dass ich in Paris bleiben könnte. Sie wollten mir helfen eine Stelle zu finden und mich auch sonst unterstützen.

Es half alles nichts. Ich konnte auf keinen Fall bleiben.

5. Stewardess

Ich zog zurück in mein Geburtshaus nahe Bayreuth. Das Zusammenleben unter einem Dach mit meiner Mutter und der Oma war wegen der anhaltenden explosiven Stimmung nicht einfach. Doch ich war froh, dort zu sein und genoss das Landleben mit all den Tieren und den langen Waldspaziergängen. Die Liebe zum Wald habe ich von Oma Anna. Ich hatte es geliebt, mir ihr in den Ferien Pilze und Beeren zu sammeln.

Bereits Ende Januar flatterte eine Einladung von Lufthansa zu einem ersten Einstellungstest nach Frankfurt ins Haus.

In Paris hatte LH um Personal geworben. Zwei Stewardessen in flotter Uniform kamen zu einem Informationsnachmittag in das Aufnahmezentrum der Aupairmädchen. Das ließ ich mir nicht entgehen. Fasziniert hörte ich den Erzählungen der beiden zu und füllte gleich vor Ort einen Bewerbungsbogen aus.

Ich bestand den Test. Die erste Hürde war geschafft. Bald kam die nächste Einladung zur psychologischen Begutachtung und zum Sprachtest. Es hat geklappt.

Meine sechswöchige Ausbildung begann im April 1978. Alle Neulinge wurden zunächst in einem Wohnheim der Lufthansa untergebracht. Von dort aus begaben sich alle angehendes Stewards und Stewardessen auf Wohnungssuche in Hessen. Wir wurden aufgefordert, uns im Umkreis von 50 km um den Flughafen eine Bleibe zu suchen. Zunächst landete ich in einer kleinen Wohngemeinschaft von drei Mädels. Maria hatte ein kleines Apartement in einem der riesigen Häuserblocks von Raunheim gemietet. Wir verstanden uns sehr gut, und das Zusammenleben klappte prima. Wir konnten uns austauschen und waren nicht allein.

Die Ausbildung war kompakt und sehr fordernd, auch aufregend. Ich spürte: Das ist eine Welt für sich. Wir drei bestanden die Abschlussprüfung mit Bravour und gingen „auf Strecke".

Mein erster Flug war eine Katastrophe. Frankfurt – Paris am Abend. Damals wurde noch ein Essen serviert, dazu gab es Getränke, die am Ende kassiert werden mussten, und es gab Dutyfree Sale. Das alles bei „Full house" und 55 min. Flugzeit. Eine Hetzjagd – und dabei auch noch rechnen müssen! Ich wusste gar nicht, wie mir geschieht. Mein erster Impuls war: „Das kann ich nicht." Ich wollte gleich wieder aufhören. Gottseidank war in Paris gleich Feierabend!

Meine Kabinen-Kollegen und der Flugkapitän machten mir Mut und es gab erst einmal mein erstes „Debriefing". In meiner Anfangszeit war dies noch üblich. Nach jedem Flug traf sich die Crew im Hotelzimmer des Kapitäns, ausgerüstet mit reichlich Alkohol. Es wurde getrunken und geraucht, was das Zeug hielt. Und auch geflirtet. Dieses Ritual war quasi Pflicht. Als junges, unerfahrenes Mäuschen konnte ich mich lange nicht davor drücken, und es dauerte einige Zeit, bis ich mich traute, nein zu sagen. Natürlich war es oft wirklich lustig, doch ich war einfach müde. Mir die Nächte um die Ohren zu schlagen, tat mir nicht gut, ganz zu schweigen von verheirateten Piloten, die ideale Bedingungen für mein gestörtes Beziehungsverhalten boten. Nach dem ersten Schock fand ich mich gut in die Fliegerwelt ein, und es machte viel Spaß. Alles war aufregend. Jedes Ziel etwas Neues. Fremde Städte, schicke Hotels, nette Kollegen – ein abwechslungsreiches Leben. Kein Alltag im herkömmlichen Sinn.

Leider zog Maria bald fort, und unsere kleine WG wurde aufgelöst. Ich musste mir eine neue Bleibe suchen. Glücklicherweise fand ich eine hübsche Wohnung in einem kleinen hessischen Ort. Meine Mutter und ihr damaliger Freund halfen mir beim Umziehen; ich brauchte natürlich mehr Mobiliar als in meinem Mini-Zimmer. Es wurde richtig gemütlich.

Auf einen Fernseher verzichtete ich. Ich las viel. Schon damals interessierte ich mich für Mystik und Spiritualität und forschte nach dem Sinn des Lebens. Außerdem wollte ich rausgehen und etwas unternehmen, um in meinem neuen Umfeld heimisch zu werden.

Wie sich herausstellte war das Heimischwerden eine Illusion. Aufgrund meiner Flugeinsätze konnte ich nichts Regelmäßiges anfangen. Es gelang mir nicht, einen neuen Freundeskreis aufzubauen. Die Crews wurden für jeden Flug neu zusammengewürfelt, und die Flugpläne waren sehr unterschiedlich. Der monatliche Einsatzplan wurde jeweils am 27. des Vormonats veröffentlicht. Dieser Plan diktierte das ganze Leben. Der Preis des abwechslungsreichen Daseins war hoch. Auch noch in anderer Hinsicht. Bald bekam ich massive Rückenbeschwerden. Es stellte sich heraus, dass ich mehrere orthopädische Baustellen hatte. Meine 15-jährige Karriere als Dauerpatientin beim Orthopäden begann.

Zudem überfiel mich oft ein Gefühl der Verlassenheit, wenn ich nach einem Flug todmüde nach Hause kam. Niemand war da.

Ich brauchte eine neue Strategie. Die war schnell entwickelt. Wenn ich länger als einen Tag frei hatte, setzte ich mich nach dem Flug in meinen alten VW Käfer und brauste entweder nach Nürnberg zu meiner alten Schulfreundin oder nach Hause aufs Land.

In Nürnberg verbrachten wir wie früher die Abende in unserer alten Stamm-Disco und ich knüpfte an mein gewohntes Verhalten an.

Dieses zusätzliche Hin und Her zum unsteten Fliegeralltag zehrte an meiner Substanz. Mein Verlassenheitsgefühl verschwand nicht.

Ein anderes Gefühl machte sich wieder in mir breit. Schon als Kind überfiel mich immer wieder eine Todessehnsucht. Ich erinnere mich gut daran, dass ich mir wieder und wieder vorgestellt hatte, wie gut es wäre, wenn ich schwer krank würde. Ich stellte mir vor, ich läge im Krankenhaus mit der Diagnose, bald zu sterben. Meine Familie wäre dabei um mich herum, alle untröstlich und traurig. Es täte ihnen leid, was sie mir angetan hatten. Ich hätte meine Ruhe und sie ihre Strafe. Was für eine kranke Vision!

Als junge Frau malte ich mir immer wieder aus, wie ich es anstellen könnte, von diesem Planeten zu verschwinden, da ich mein Leben immer als unglaublich anstrengend empfand.

Mein Zustand blieb meinem Umfeld nicht verborgen. Eine Psychotherapie sollte helfen. Bald brach ich sie ab, denn ich hatte nicht das Gefühl, sie würde etwas verbessern. In einem Wartezimmer eines Arztes stieß ich auf einen Artikel über Bachblüten. Das hörte sich spannend an. Ich stellte mir selbst eine Mischung zusammen und erlebte bald eine deutliche Besserung meines Zustandes. Mein Interesse an alternativen, ganzheitlichen Heilmethoden war geweckt. Es begleitet mich noch heute.

Der nächste offizielle Versuch, mir zu helfen, war eine Kur. Vier Wochen regelmäßiges Leben mit viel Bewegung, Sport, Natur. Das tat mir tatsächlich sehr gut. Fünfmal sollte ich während meines Fliegerlebens noch in den Genuss einer solchen Maßnahme kommen. Der wohltuende Effekt war jedoch leider nie nachhaltig. Die Erholung war spätestens nach einem halben Jahr verpufft. Was mehr als logisch war. Das Fliegen an sich mit reichlich Nachtarbeit und Zeitverschiebungen und meine private Situation mit meinen unverarbeiteten Altlasten waren alles andere als gesundheitsfördernd. Nicht nur meine orthopädischen Projekte machten mir zu schaffen. Mein Immunsystem war angegriffen. Ständig schnappte ich Infektionen auf. Oft erwischte es mich auch auf der Strecke. Mehr als einmal flog meine Crew ohne mich nach Hause, während ich in Bangkok oder Kuala Lumpur mit Antibiotika und wer weiß was für Medikamenten zugedröhnt im Bett lag. In Indien holte ich mir zweimal Amöben. Auch meinem Magen ging es nicht gerade gut. Die Verdauung war vollkommen durcheinander und ich hatte Schlafstörungen. Oft fühlte ich mich einfach völlig erschöpft.

So seltsam das klingen mag, dennoch liebte ich meinen Beruf.

Ich sehnte mich allerdings nach Besserung meines Zustandes und immer mehr auch nach einer dauerhaften Beziehung. Bindungsangst hin oder her! Es musste auf dieser Welt doch einen Mann geben, der nicht verheiratet war, nicht log und es ernst mit mir meinte. Ich wagte es, mich zu verlieben. Wiedermal war es ein Pilot, der mir das Blaue vom Himmel erzählte. Seine Ehe bestünde nur noch auf dem Papier, und er würde sich bald offiziell trennen. Nun, eines Tages kam heraus, dass seine Frau schwanger war. Ich war so entsetzt, dass ich die Kraft aufbrachte, ihn hochkant vor die Tür zu setzen. So etwas hatte ich mir gar nicht zugetraut.

Schon kurze Zeit später schöpfte ich erneut Hoffnung auf eine dauerhafte Beziehung. Das Lügengebäude dieses Kandidaten brach jedoch ziemlich schnell zusammen. Ich hatte es gewagt, mein Herz zu öffnen, und musste nun kurz hintereinander zwei bittere Enttäuschungen erleben. Das tat weh und nahm mich ordentlich mit.

Ich beschloss, mich fortan von Männern fern zu halten, dachte gar kurzzeitig über eine Flucht in eine klösterliche Gemeinschaft nach, ging noch mehr als vorher in die Natur und beschäftigte mich ausgiebig mit fernöstlichen Weisheitslehren und Esoterik.

6. Mein erster Retter

Da traf ich Wolfgang. Auf einem Flug nach Rio de Janeiro war er „Springer". Das ist jemand, der die Crew zusätzlich unterstützt. Wir arbeiteten zusammen und saßen bei Start und Landung nebeneinander. Sein Vater begleitete ihn auf dieser Reise. Das imponierte mir. Die beiden mussten wohl ein gutes Verhältnis zueinander haben.

Wolfgang war vollkommen anders als all die Männer vor ihm: lediglich vier Jahre älter als ich, frisch geschieden und frei.

Offensichtlich gefiel ich ihm und seinem Papa, denn die beiden luden mich zu einem Ausflug ins Hinterland ein. In einem alten VW Käfer tuckerten wir durch die wunderschöne Landschaft. Wir verstanden uns sehr gut und verbrachten fortan unsere freien Tage vor Ort miteinander. Wolfgang musste einen Tag vor mir nach Hause fliegen. Er versprach mich anzurufen. Da war ich gespannt. War er wirklich anders? Meinte er es ehrlich? Und warum interessierte mich das überhaupt? Ich hatte mich Hals über Kopf in ihn verliebt. Und dabei passte er doch so gar nicht in mein bisheriges Schema.

Er meldete sich tatsächlich. Bald besuchte ich ihn in seinem Reihenhäuschen. Er hatte es noch gemeinsam mit seiner Exfrau gekauft. Noch vor der Fertigstellung ließen die beiden sich scheiden. Sie hatten sich im gegenseitigen Einvernehmen getrennt und blieben befreundet. Ich bewunderte Wolfgangs Mut: Er hatte sich entschlossen, das Haus zu behalten, obwohl ihm alle davon abgeraten hatten, da es finanziell nicht zu schaffen sei. Nun, er schaffte es, indem er einen patenten Studenten als Untermieter fand.

Seine zweite Untermieterin wurde ich. Wir kannten uns gerade mal drei Monate, als ich bei ihm einzog. Wenig später stieß ein wieteres Flieger-Pärchen zu uns, und der Student brachte seine neue Liebe mit in unsere Wohngemeinschaft. Zu sechst in dem Reihenhäuschen, da war immer etwas los. Da vier von uns selten zuhause waren, kamen wir gut zurecht. Lediglich die Auffassung von Sauberkeit und die Verteilung der zu übernehmenden Pflichten führten hauptsächlich bei mir zu Frust, denn ich hatte einen Hang zum „Putzfimmel".

Anderseits war es einfach schön. Nie war man alleine und ausserdem waren Wolfgang und ich häufig bis zu 21 Tagen auf unseren Umläufen nach Fernost unterwegs. Jeden Monat konnten wir uns einen bestimmten Flug wünschen. Dieses „requesten" war eine kleine Wissenschaft; Wolfgang erwies sich als Koryphäe auf diesem Gebiet. Wir hatten jeweils drei bis vier Tage in Dubai, Kuala Lumpur und Sydney frei. In Australien waren wir am liebsten. Sydney – was für eine Stadt! Und was für ein Leben! Eine traumhafte Zeit! Endlich war da jemand, der mich liebte. Ich hing an Wolfgang wie eine Klette und war glücklich. Der Himmel auf Erden. Bereits damals begann ich zu zweifeln, ob so etwas Schönes von Dauer sein könnte. Ich höre mich heute noch sagen: „Am liebsten würde ich jetzt sterben, wo ich so glücklich bin, denn so schön kann es ja nicht bleiben." Das meinte ich ernst. Und es blieb auch nicht so schön.

Heute weiß ich, dass dieses Verhalten aus meiner tiefen Angst vor dem Verlassenwerden und dem Alleinsein in meiner Kindheit resultierte.

Nachdem wir drei Jahre zusammen waren, kam uns die Idee, zu heiraten. Es gab keinen romantischen Antrag, vielmehr kamen wir in einem Gespräch darauf, dass wir es doch eigentlich miteinander wagen könnten. Beide hatten wir überhaupt keine Lust auf eine Feier. Auch Wolfgang war ein Scheidungskind. Bei ihm war es der Vater, der die Familie verließ, als er zwei Jahre alt war. Seine

Eltern waren genau wie meine spinnefeind. Kein Wunder, dass wir mit diesem gleichen Hintergrund so gut zusammenpassten. Wir waren hochgradig harmoniesüchtig und konfliktscheu. In all unseren gemeinsamen Jahren, es wurden immerhin dreiundzwanzig (!), haben wir kein einziges Mal gestritten.

So waren wir uns damals sofort einig, dass wir heimlich heiraten wollten. Eine Familienfeier mit jeweils verfeindeten Eltern – nein danke! Auf unserem nächsten Fernost-Umlauf bestellten wir im Rathaus in Sydney das Aufgebot. Sechs Wochen musste es aushängen. Es ließ sich einrichten, dass wir nach Ablauf der Frist wieder nach Australien flogen. Niemand hatte Einspruch erhoben.

Wir heirateten im Rathaus. Von der Rede des Standesbeamten mit starkem australischen Akzent verstanden wir nur die Hälfte, jedoch gerade so viel, dass wir im richtigen Moment: „Yes I will" sagten.

Wir kamen als Ehepaar zurück und informierten unsere Familien. Niemand reagierte besonders verwundert. Wir hatten uns ja auch bisher meist erfolgreich vor sämtlichen Familienfeiern gedrückt. Auch Weihnachten waren wir immer gemeinsam irgendwo auf der Welt unterwegs.

Wolfgang war gebürtiger Bayer, und schon lange zog es ihn in Richtung alte Heimat. Auch mir gefiel die Vorstellung, irgendwo im Grünen, vielleicht nah an einem See, in einem kleinen schnuckeligen Häuschen zu leben. Dort wollte ich mit Wolfgang alt werden und später mit ihm in trauter Zweisamkeit Händchen haltend auf einer hübschen Bank vor unserem Haus sitzen.

Wolfgangs Traum war etwas grösser. Er träumte von einem stattlichen Haus – was unsere finanziellen Möglichkeiten überschritt. Da machte meine Mutter uns ein verlockendes Angebot: Sie würde mir einen Teil ihres 10.000 qm großen Grundstückes schenken, damit wir dort bauen könnten. Mir schien die Idee recht gewagt. Der nächste Flughafen lag 80 Kilometer entfernt, und mit dem Auto würden es über 300 Kilometer bis nach Frankfurt sein.

Bei Lufthansa gab es viele Kollegen, die sich nicht an die 50 km-Umkreis-Wohnregelung hielten. Die sogenannten „Shuttler". Oft unterhielt ich mich mit ihnen. Bei den Schilderungen der Strapazen und der zusätzlichen Belastung war mir klar: Das könnte ich nie im Leben.

Wolfgang sah darin überhaupt kein Problem. Er war schon immer Optimist.

Schließlich willigte ich ein. Mit ihm an der Seite würde ich es schon irgendwie schaffen.

Die Silvesternacht 1984/85 verbrachten wir in Hongkong. An diesem Tag hatten wir endgültig beschlossen, das Vorhaben anzugehen. Als wir um Mitternacht darauf anstießen, liefen mir Tränen über die Wangen. Ich begann heftig zu weinen und konnte gar nicht mehr aufhören. Wolfgang war ratlos und konnte sich meine Reaktion nicht erklären. Schließlich hatten wir doch etwas Wunderschönes vor. Ich wusste ja selbst nicht, was auf einmal los war. Es fühlte sich an wie große Angst. Vermutlich hat meine Seele damals bereits gespürt, dass dieser Schritt unser Leben auf sehr herausfordernde Weise verändern sollte.

7. Das neue alte Zuhause

Der Hausverkauf in Hessen ging erstaunlich schnell und unkompliziert vonstatten. Meine Mutter bot uns an, bei ihr und Anna zu wohnen, bis unser neues Zuhause fertig war. Das Dach meines Geburtshauses war ausgebaut, und wir konnten uns dort mit dem Nötigsten einrichten.

Es gab noch zahlreiche Planungssitzungen mit unserem Architekten, einem äußerst sympathischen Zeitgenossen. Es machte Spaß, mit ihm alles Mögliche durchzuspielen. Doch bald war klar, dass meine Vorstellungen den Ideen der beiden Männer weichen mussten, bzw. ließ ich es zu. Rückschauend habe ich das Gefühl: Ich war damals gar nicht ganz anwesend. Ein Teil von mir fehlte. Er hatte sich irgendwann verabschiedet und irgendwo sicher versteckt. Das Verhalten als Chamäleon, das sich überall anpasst, hatte ich ja bereits als Kind eingeübt. Es schien mir die einzige Möglichkeit, überhaupt zu sein. Ich hatte mir eine Scheinwelt kreiert, und das funktionierte prima. Die Fliegerei passte da wunderbar, denn ich konnte den Problemen am Boden immer wieder entschweben.

Die Kosten für den Bau wurden immer höher. Zum Glück verdienten wir gut. Außerdem hatten wir einen sparsamen Lebensstil. Wolfgangs Argument, lieber von Anfang an alles ordentlich und hochwertig zu gestalten, anstatt später an- und umbauen zu müssen, leuchtete mir ein. So wurde aus meinem kleinen, gemütlichen und überschaubaren Häuschen ein stattliches Landhaus mit zusätzlich unter dem Dach ausgebauten, großen Räumen, die wir momentan gar nicht brauchten. Vielleicht würden wir ja Kinder bekommen. Eine Familienplanung gab es nicht wirklich. Wir verzichteten auf Verhütung und waren uns einig, dass wir uns über ein Kind freuen würden, uns jedoch auch ein Leben ohne Kinder gut vorstellen konnten. Im Grunde fühlte ich mich jedoch keineswegs reif dazu, Mutter zu werden.

Es war gut, dass die gemeinsame Zeit unter einem Dach mit meiner Mutter und Anna begrenzt war. Meine Mutter arbeitete zu dieser Zeit noch als Krankenschwester im Nervenkrankenhaus und hatte nach wie vor Nachtdienste zu leisten. Dazu kümmerte sie sich um den Haushalt, die Oma, die Tiere und das riesige Grundstück. Sie ist vom Sternzeichen her Jungfrau und machte dem Klischee, dass diese Menschen besonders ordentlich sind, alle Ehre. Alles musste perfekt sein. Zwar half ihr damaliger Freund tatkräftig mit, doch die Beziehung zu ihm war nicht unproblematisch, da er einen jähzornigen Charakter besaß und außerdem verheiratet war. Auch mit Anna gab es immer Streit.

Zu all dem kümmerte sie sich um unseren Neubau, übernahm quasi die Bauaufsicht. Während unserer Flugeinsätze schaute sie den Handwerkern kritisch auf die Finger und räumte auch immer wieder die Baustelle auf. Wolfgang und ich waren in dieser Richtung ziemlich sorglos, ja fast schon unbedarft.

Das enorme Arbeitspensum und die permanente Anspannung blieben nicht ohne Folgen. Meine Mutter war gesundheitlich angeschlagen. Besonders ihr Bewegungsapparat machte Schwierigkeiten. Kein Wunder, dass sie oft gereizt war. Sie fiel in ihre Opferrolle, und das alles war nicht leicht zu ertragen. Am schlimmsten für mich waren die ständigen Auseinandersetzungen zwischen Mutter und Tochter. Da ich beide von Herzen liebte, versuchte ich Frieden ins Haus zu bringen und meiner Mutter klar zu machen, dass sie kein armes Opfer ist, und dass diese Rolle ihr nur schadet. Ich verstand einfach nicht, dass es ihr nicht gelang, ihr Leben so einzurichten, dass sie Freude daran hatte und es ihr gut ging. „Pflichterfüllung" um jeden Preis hatte für sie oberste Priorität, und es war sinnlos, weiter darüber zu reden. Das machte mich wirklich traurig. Ich musste zusehen, wie meine geliebte Mutter und Oma litten, und konnte ihnen nicht helfen.

Irgendwann war das Haus soweit fertig, dass es möglich war einzuziehen. Natürlich gab es noch sehr viel zu tun. Wir dachten manchmal, es würde nie aufhören. Doch es machte uns auch viel Spaß, unser neues Nest gemütlich zu gestalten. Gut fünf Jahre hatten wir eine wunderbare Zeit. Wolfgang requestete für uns schöne Flüge, sodass wir gemeinsam mit dem Auto die 300 Kilometer nach Frankfurt zum Dienstantritt fahren konnten. Wolfgang steckte die Strapazen der Fliegerei erstaunlich gut weg. Er brachte uns immer sicher zum Dienst und wieder nach Hause. Durch die lange Ab- und Heimreise ergab es sich häufig, dass wir bis zu 30 Stunden ohne Schlaf waren. Ich fühlte mich am ersten Tag nach dem Flug grauenhaft. Mit der Zeit entwickelten wir unsere Rituale, die uns halfen, wieder einigermaßen ins Gleichgewicht zu kommen. Am besten war es, wenn es gelang, sich nicht erst hinzulegen, sondern bis zum Abend des jeweiligen Tages auf zu bleiben. Dabei half ein ausgiebiger Spaziergang im nahen Wald. Es war verrückt. Eigentlich waren wir viel zu müde, um irgendetwas zu tun. Die Bewegung in der Natur jedoch wirkte Wunder. Wir kochten uns unser „Ankunfts-Lieblingsessen", packten die Koffer aus, gaben die Wäsche in die Maschine, sahen die Post durch und hörten den AB ab. So schafften wir es meist bis zum Abend, wach zu bleiben, um dann in einen Koma ähnlichen Schlaf zu fallen.

Am 27. jeden Monats erhielten wir unseren Flugplan für den kommenden Monat. Das war jedes Mal sehr spannend; schließlich hing viel davon ab. Dieser Plan regierte unser gesamtes Leben.

In unserer freien Zeit werkelten wir gemeinsam in Haus und Garten. Wolfgang nahm sich allerdings immer seine Freiräume, um seinem geliebten Sport nachzugehen. Er war passionierter Tennis- und Mannschaftsspieler. Der Verein in der nahen Stadt nahm ihn mit offenen Armen auf. So hatte er, im Gegensatz zu mir, rasch Anschluss gefunden. In Wolfgangs Abwesenheit erledigte ich Hausarbeit, ging einkaufen und kochte für uns. Den Zeitplan gab Wolfgang mit seinen Terminen vor. Ich hatte kein eigenes Hobby und vermisste auch keines. Ich empfand mein Leben als vollkommen ausgefüllt, war glücklich und zufrieden als Ehefrau und Hausfrau.

Meine Ängste jedoch gaben keine Ruhe. Wenn Wolfgang nicht zur verabredeten Zeit zu Hause war, befürchtete ich sofort, es sei ihm etwas zugestoßen. Ich hatte panische Angst, mein Glück könnte wieder zerplatzen. Mein altes Mantra war immer präsent: „Am liebsten würde ich jetzt sterben, wo ich so glücklich bin, denn es kann ja nicht so bleiben."

Es dauerte einige Zeit, bis unser Nestausbau soweit war, dass wir uns richtig wohl fühlen konnten. Alles Holz war gestrichen, die Terrasse verlegt, der Zaun aufgestellt, der Rasen angelegt, Beete gestaltet, Bäume gefällt und gepflanzt. Wolfgang war mehr als froh darüber, denn er wünschte sich noch mehr Freiraum.

8. Etwas läuft schief

Da kam für ihn die Idee eines Tennis-Freundes, gemeinsam Rennrad zu fahren, genau recht. Tennis spielen, Training, Turniere und nun auch noch stundenlange Radtouren. Er war viel unterwegs. Klammheimlich schlich sich bei mir ein ungutes Gefühl ein. Ich fühlte mich zurückgesetzt und alleingelassen. Das schürte meine mir bekannten Ängste noch mehr an. Ich bekam Schwierigkeiten mit der Sexualität. Schmerzen beim Liebemachen! Für mich etwas vollkommen Neues. Ich war ratlos. Meine Menstruation wurde jeweils am ersten Tag zum Höllentrip. Eine Gynäkologin stellte drei Myome fest. Glücklicherweise bestand keine dringliche Notwendigkeit zu operieren.

Was war nur geschehen? Unser Sexualleben war all die Jahre schön und erfüllend. Weinend lief ich durch den Wald und fragte Gott, was ich denn tun könne. Ihm vertraute ich meinen Kummer an. Wolfgang erzählte ich nichts davon; auf keinen Fall wollte ich ihn verletzen oder enttäuschen. Ich versuchte so zu tun, als sei alles ok und bemühte mich, ihm das vorzugaukeln. So manches Mal weinte ich still in mich hinein, während Wolfgang nichtsahnend neben mir schlief. Heute frage ich mich: konnte es tatsächlich sein, das er nichts bemerkte? Litt vielleicht auch er? Wolfgang war nicht der Mensch, der über Gefühle spricht. „Man kann dem anderen die eigenen Probleme nicht zumuten." Das war seine Überzeugung. (Später, nach unserer Scheidung gestand er mir einen one night stand während unserer Ehe. Vielleicht gab es mehrere? Sollte ich im Unterbewusstsein etwas gespürt haben?)

Eines Tages geschah das Unfassbare. Ich verliebte mich in einen Piloten. Es traf mich und ihn wie ein Blitz. Wenn wir beide im

Flugzeug neben einander standen, um die Gäste zu begrüßen, war ich wie elektrisiert. Unsere sexuelle Anziehung war kaum auszuhalten. Auch er war verheiratet, und auch er wollte nicht betrügen. Unsere Dienstpläne ließen wenig Gelegenheit für ein Treffen. Wenn, dann kurz vor oder nach einem Flug auf einen Kaffee. Wir saßen am Tisch und schmachteten uns an wie Teenager. Nach einigen Monaten wagten wir es, und es gelang tatsächlich, gemeinsam nach Hongkong zu fliegen. Dort im Hotel angekommen entlud sich die aufgestaute sexuelle Spannung in wildem „Geknutsche". Wie unreife Jugendliche „wälzten" wir uns vollkommen bekleidet auf seinem Bett herum. Schließlich gaben wir uns einen Ruck und beschlossen, das Ganze zu beenden. Kaum war ich in meinem Zimmer, läutete das Telefon, und wir seufzten uns über eine Stunde sehnsüchtig an. Wir mussten vernünftig sein! Wenig später erfuhr ich, dass er einen Hörsturz erlitten hatte und für einige Zeit nicht fliegen durfte.

Diese Episode stürzte mich in eine tiefe Krise. Nun verstand ich die Welt erst recht nicht mehr. Ich hatte doch alles. Wolfgang und ich hatten ein phantastisches Leben, von dem andere nur träumen konnten. Und ich verliebe mich in einen anderen Mann! Ich wurde von schlechtem Gewissen und Schuldgefühlen schier zerrissen. „Hätte ich mich doch nur umgebracht." Ich hatte das Gefühl, einfach nicht lebenstauglich zu sein. Wolfgang zog es vor, von meinem Zustand nichts zu bemerken. Schließlich suchte ich wieder einmal Hilfe bei einem Psychotherapeuten. Ich gab Wolfgang gegenüber vor, in der Midlife-Krise zu sein, und er gab sich gerne mit dieser Erklärung zufrieden.

Es musste etwas geschehen. Die Therapie erschien mir bald wenig hilfreich. Ich beschloss, Teilzeit zu fliegen, um wenigstens von dieser Seite Entlastung zu bekommen. Und ich fasste mir ein Herz, Wolfgang darauf anzusprechen, dass mir seine zahlreichen sportlichen Aktivitäten zu viel sind. Er war immer wieder halbe Tage unterwegs, während ich mich um den Haushalt kümmerte.

Er wünschte sich auch eine andere Lösung und wir fanden eine: ein Tandem. Was für eine wundervolle Idee! Ein schmuckes Renntandem mit allen Schikanen bereicherte hinfort unser bzw. mein Leben. Ich hatte alleine große Schwierigkeiten mit dem Radfahren gehabt, fühlte mich sehr unsicher auf so einem Drahtesel und produzierte immer wieder wilde Stürze. Auf dem Tandem jedoch fühlte ich mich sicher wie in Abrahams Schoß. Wolfgang vorne, als Schalter und Walter, ich hinten mit vollem Einsatz tretend. Ohne Helm brausten wir stundenlang durch die fränkische Landschaft. Unterwegs kehrten wir ein und stärkten uns mit Bier und Brotzeit für die Heimfahrt. Bei einer unserer Lieblingsrunden gab es eine Abfahrt, bei der wir es auf 70 km/h brachten. Was für ein herrliches Gefühl! Wir fuhren jedes Jahr mehr als 1000 Kilometer. Diese Touren mit Wolfgang sind nach wie vor mit das Schönste, was ich in meinem Leben geschenkt bekam. Ich hoffe, er genoss diese Zeiten ähnlich.

Leider konnte diese neue Gemeinsamkeit meine sexuellen Probleme nicht lösen. Das war wirklich schrecklich! Anders kann ich es nicht sagen. Ich litt mehr und mehr darunter. Die gemeinsamen Tage verliefen harmonisch, unkompliziert und einfach nur schön. Doch wenn es Zeit wurde, ins Bett zu gehen, begann mein innerer Kampf. Ich bemühte mich weiterhin meine Probleme vor Wolfgang zu verheimlichen. Ich hatte nie gelernt, Unangenehmes auszusprechen. Meine Angst zu enttäuschen oder zu verletzen war zu groß. Im Nachhinein erscheint es mir dennoch ziemlich unwahrscheinlich, dass Wolfgang nichts bemerkt haben soll. Ihm ging es vermutlich genauso wie mir, doch wir sprachen nie darüber.

So gingen die Jahre ins Land. Oma Anna war gestorben, und meine Mutter war berufsunfähig geworden. Als sie 52 Jahre alt war, hatte sie das große Glück, sich noch einmal zu verlieben. Hannes war noch verheiratet, als sie zusammenkamen. Bald ließ er sich scheiden. Meine Mutter trennte sich von ihrer langjährigen, äußerst schwierigen Beziehung und Hannes zog bei ihr ein. Das freute uns sehr für die beiden. Hannes war und ist ein zuverlässiger, stets hilfsbereiter Mensch. Meine Mutter war entspannter als früher, jedoch noch immer ein schwieriger Charakter. Das Verhältnis zu meinem Vater blieb „neutral". Mit seiner jungen Frau bekam er noch einen Jungen und ein Mädchen. Auch zu den Dreien konnte ich kein Verbundenheitsgefühl entwickeln. Das belastete mich zusätzlich. Gottfried hatte doch schließlich getan, was er konnte. Warum konnte ich ihn nicht lieben?

Mit Mitte 40 beschloss Wolfgang, die Fliegerei an den Nagel zu hängen. Er hatte ein attraktives Angebot, saisonweise bei einem renommierten Ferien-Club als Tennistrainer zu arbeiten. Er träumte schon immer davon, den Winter im Süden zu verbringen. Ich versuchte nicht, ihn davon abzuhalten. Vielleicht war er darüber enttäuscht, schließlich bedeutete dieser Schritt lange Trennungszeiten. Ich wollte seinem Glück nicht im Wege stehen, da ich wusste, wie lange er sich genau das schon gewünscht hatte.

Zu dieser Zeit hatte ich mein Arbeitspensum drastisch reduziert. Ich leistete mir das 50-Prozent-Teilzeit-Modell. Einen Monat fliegen, einen Monat komplett frei. Meine Mutter, die sah, wie ich mich quälte, beschloss, mich finanziell zu unterstützen. In den Flug-Monaten blieben auch zehn bis vierzehn Tage frei. Meine Hoffnung war, durch diese Maßnahme meine gesundheitlichen Probleme in den Griff zu bekommen und bis zur Rente durchzuhalten. Doch anstatt zu Wolfgang zu fliegen und es mir im sonnigen Süden mit ihm gut gehen zu lassen, entschied ich mich für eine Ausbildung zur Yoga-Lehrerin. Ich wollte immer etwas Sinnvolles tun und anderen weiterhelfen. Und immer hatte ich immer das Gefühl: Ich tue zu wenig.

9. Yoga und der Sinn des Lebens

Meine Mutter hatte mich darauf aufmerksam gemacht, dass eine Physiotherapeutin in unserer Praxis (wir hatten den gleichen Orthopäden und die gleiche Praxis für unsere Anwendungen) dort neuerdings Yogastunden anbietet. „Dieses Yoga soll doch so gut bei Rückenproblemen helfen." Das wollten wir ausprobieren. Es half, und zwar erstaunlich schnell! Auch imponierte mir, dass man kein großes Equipment brauchte. Anfangs hatte ich noch nicht mal eine Matte. Bald fand ich heraus, welche Übungen mir besonders gut bei meinen Schmerzen halfen. Zuhause und in jedem Hotelzimmer konnte ich üben. Und ich übte wirklich. Mit viel Disziplin und immer mehr Freude!

Die Verbesserung war beeindruckend. Nach knapp zwei Jahren guter Erfahrungen entstand in mir der Wunsch, Yoga von Grund auf zu erlernen und weiterzugeben. Ich fand eine Schule, deren Termine mit meinen Dienstplänen und freien Monaten kompatibel waren und begann eine Ausbildung. Dort wurde mir prophezeit: „Yoga wird dein Leben verändern." Das erschien mir zunächst denn doch etwas hoch gegriffen.

Heute kann ich sagen, dass es tatsächlich so war. Yoga ist eine Lebensphilosophie. Ein Weg, der erst einmal begonnen, jemand nicht stehenbleiben lässt. Da ich mich schon lange für ganzheitliche Heilweisen interessierte, entschloss ich mich zusätzlich zu einer Ausbildung zur Energie & Massage-Mentorin.

So kam es, dass ich Wolfgang nun doch enttäuschte. Ich besuchte ihn viel zu selten. Allerdings redete er damals nicht darüber. Nach den Flugeinsätzen war ich vollkommen geschafft und konnte mir nicht vorstellen, mich gleich wieder auf den Weg zu machen und mich in einen Flieger zu setzen. In den freien Monaten nahmen die Ausbildungen viel Zeit in Anspruch. Schließlich gab es auch noch das große Haus und die 3000 qm Grund, welche mich ordentlich beschäftigten. Nicht umsonst hatte ich mir ein kleines Häuschen gewünscht. Ich fühlte mich verantwortlich für meinen Besitz und wollte alles in Ordnung halten. „Picobello", dieses Muster kannte ich ja bereits als fünfjährige „kleine Hausfrau". Was habe ich in meinem Leben geputzt! Und Unkraut gejätet. Und Efeu-Blättchen aus Zierkies entfernt. Das konnte wohl kaum der Sinn des Lebens sein.

Dennoch flog ich zu Wolfgang, sooft ich eben konnte. Manchmal war es mir möglich, länger zu bleiben. So ergab es sich, dass ich ab und zu für Kollegen im Well-fit-Bereich einsprang und die eine oder andere Stunde übernahm. Einfach nur so Urlaub machen und das Clubleben genießen konnte ich nicht wirklich gut. Immer dockte das schlechte Gewissen an. „Ich muss doch etwas dafür tun, dass es mir so gut geht."

Wolfgang hatte sich im Tennis enorm verbessert und war inzwischen noch begehrter als Mannschafts- und Turnierspieler. Das hatte zur Folge, dass er nun auch, wenn er zuhause war, viel reiste. Anfangs begleitete ich ihn häufig zu seinen Turnieren. Auf der Tribüne zu sitzen und mit den Kopf abwechselnd nach links und rechts zu sehen, an Spieler-Abenden über verlorene Punkte oder geglückte Schläge „fachzusimpeln", all dies war nicht meine Welt. Ich interessierte mich nun mal absolut nicht für diesen Sport. Bald ließ ich ihn alleine fahren. Ich hatte inzwischen einen sehr schönen Freundeskreis gefunden, der mir viel bedeutete, und den ich pflegen wollte. Außerdem hatte ich viel zu lernen, und ich hatte einen Besuchsdienst im Altenheim begonnen.

Mit der Zeit richteten wir uns mit unserem Lebensmodell gut ein. Wie gut sich Wolfgang eingerichtet hatte, sollte ich bald erfahren! Wenn wir zusammen in Bayreuth waren, unternahmen wir viele Tandem-Touren, werkelten gemeinsam im Garten und ließen es uns gut gehen. War Wolfgang im Ausland, telefonierten wir täglich. Ich hatte mich mit meinem Strohwitwen-Dasein arrangiert und fühlte mich nicht allein. Er war in meinem Leben, und ich war wenigstens temporär von meinem Problem mit der Sexualität befreit. Dieses Thema belastete mich nach wie vor enorm, und ich sah leider auch keine Lösungsmöglichkeit.

Im Sommer 2004 hatte ich einen Punkt erreicht, an dem ich wirklich verzweifelt war. Ich rannte wieder einmal weinend durch den Wald, flehte zu Gott: „Du musst mir helfen! Ich brauche Klarheit darüber, was los ist. So kann es auf keinen Fall weitergehen."

Am nächsten Tag besuchte mich ein Kollege meiner Energie-Mentoren-Ausbildung. Mit ihm verstand ich mich blendend. Wir arbeiteten immer zusammen, wenn es um Teamaufgaben ging, verbrachten die Mittagspausen miteinander und waren in telefonischem Kontakt. Auch er interessierte sich sehr für Spiritualität. Wir waren auf einer Wellenlänge. Sexuelle Anziehung war nicht im Spiel. An diesem denkwürdigen Tag hat er mich zum ersten Mal bei mir zuhause besucht.

Wir saßen auf der Terrasse und plauderten bei einer Tasse Kaffee. Plötzlich geschah etwas sehr Merkwürdiges. Von jetzt auf gleich überkam mich ein seltsames Gefühl. „Etwas" berührte mich zutiefst. Ein Schauer lief durch meinen Körper, und da war ein unerklärliches Glitzern. Tränen stiegen mir in die Augen. Meinem Kollegen ging es offensichtlich genauso. Wir sahen uns vollkommen verdutzt, mit leuchtendem Gesichtsausdruck an und hatten keine Ahnung was los war. Just in diesem Moment kam Wolfgang vom Tennisspielen nach Hause und trat auf die Terrasse. Er schaute uns erstaunt an und entschuldigte sich sofort: „Ich gehe meine Tennistasche ausräumen." Weg war er. Und vorbei auch der magische Moment. Peter wollte sowieso gehen. Wir verabschiedeten uns etwas ratlos und verwundert. Heute bin ich sicher, dass dies eine Hilfe von oben war. Gott hatte mein Flehen erhört.

Dieser kleine Vorfall brachte alles ins Fließen.

10. Das Geständnis

Als Wolfgang uns beide mit unserem verklärten Blick sitzen sah, wirkte es auf ihn, als seien Peter und ich verliebt. Offensichtlich gab ihm das den Mut, mir ein Geständnis zu machen. „Es gibt da noch jemanden in meinem Leben." Ich war platt. „Wie lange geht das schon?" „Sechs Wochen." Wolfgangs Blick verriet, dass das nicht stimmte. „Sag jetzt bitte die ganze Wahrheit, wenn Du schon dabei bist." „Zwei Jahre."

Das war heftig. Seit zwei Jahren führte er ein Doppelleben. Das hätte ich ihm niemals zugetraut. Ich war total überrascht. Doch da war auch noch ein anderes Gefühl. Erleichterung. Endlich hatte ich eine Erklärung für meine wachsende Abneigung, mit ihm Intimität zu teilen und – ich musste nun auch nicht mehr! Es war wie eine Befreiung. Ich hatte um Klarheit gefleht und habe sie bekommen.

Ich war innerlich vollkommen ruhig und fragte Wolfgang ganz pragmatisch nach Details. Kein Ausrasten, kein Geschrei, keine Tränen. Dass dies der Fall war, erstaunte und verletzte Wolfgang, wie er mir viel später gestand. „Du hast nicht um mich gekämpft." Dass er auch nicht um mich gekämpft hatte, erschien ihm wohl normal.

Wir machten das Beste aus der Situation, schnappten uns das Tandem, radelten los und redeten bei unserer Einkehr im Biergarten.

Er hatte Andrea in einem der Ferienclubs kennengelernt. Sie nahm bei ihm Trainerstunden. Sie besuchte ihn, so oft sie konnte. Doch auch in Deutschland waren die beiden häufig zusammen; sie lebten quasi schon als Paar. Sie begleitete ihn immer auf seinen

Tennisturnieren. Alle Kollegen im Club und die Tennisfreunde wussten Bescheid. Nur ich nicht. Wie ich später erfuhr, gaben Andrea und ich uns so manches Mal direkt die Klinke in die Hand. Die Geliebte reiste ab, die Ehefrau kam an. Das Bett war noch warm. Wolfgang hatte zwei Jahre ein perfektes Versteckspiel hingelegt. Unglaublich! Ich hätte für ihn die Hand ins Feuer gelegt.

Allerdings hatte es zweimal eine Situation gegeben, die mich verunsicherte. Es waren beide Male Telefonate, bei welchen ich ihn überraschte und er seltsam reagierte, sodass ich das Gefühl hatte, er spricht mit einer anderen Frau. Ich sprach ihn jeweils sofort darauf an. Seine Reaktion: „Das war ein Tennisfreund." Er machte mir Vorwürfe, auf was für absurde Ideen ich kommen würde. Ohne mit der Wimper zu zucken, log er mir ins Gesicht. Da ich leider noch immer meiner Intuition nicht traute, vertraute ich seiner Aussage. Doch ein schales Gefühl blieb.

Wolfgang ist ein sehr sensibler Mensch, wenngleich man das auf den ersten Blick nicht meinen möchte. So war diese Zeit auch für ihn alles andere als einfach. Insofern waren wir nun beide irgendwie erlöst. Er musste nicht mehr lügen und ich nicht mehr mit ihm schlafen. Ich zog sofort aus dem Schlafzimmer aus, was typisch für mich ist – denn eigentlich hätte ich ihn aus dem ehelichen Bett verbannen sollen.

Es galt zu beraten. Was nun tun und lassen? Wolfgang wünschte sich, dass wir so weitermachten wie bisher. Ein Leben zu dritt, nur ohne Lügen. Für mich fühlte sich das nicht gut an. Eigentlich schade, denn ich hätte ein wunderbares Leben gehabt. Einen Mann, mit dem ich einen harmonischen Alltag mit einem gemeinsamen Hobby leben konnte und finanzielle Sicherheit. Die Tennisturniere und den Sex hätte Andrea übernommen. Jedoch war eine Scheidung für mich von Anfang an die einzig mögliche Lösung. Mein rationales Denken war ausgeschaltet. Mir kommt es so vor, als hätte damals meine Seele das Kommando übernommen. Auf deren Ebene hatte ich nämlich noch eine Menge zu lernen, und dazu war es nötig, einen glatten Schnitt zu vollziehen und meine Komfortzone zu verlassen.

Ich bat Wolfgang um ein gemeinsames Beratungsgespräch bei einem Anwalt. Von mir selbst überrascht, vereinbarte ich sofort bei diesem ersten Termin einen weiteren, um die Einzelheiten der Scheidung zu besprechen. Ich hatte Wolfgang überrumpelt. Doch selbst jetzt verbarg er seine Emotionen. Es kam keine Gegenwehr. Er versuchte nicht, die Scheidung zu verhindern.

Bald war es soweit. Wir hatten uns im Gebäude getäuscht. Es regnete in Strömen, und wir rannten ohne Schirm zum nächsten Häuserblock, wo wir leicht verspätet, ziemlich nass und außer Atem ankamen. Unsere gemeinsame Anwältin war auch nicht pünktlich. Sie kam noch später, gestresst, mit einer riesigen Laufmasche und etwas zerzupft. Das Ganze wirkte wie eine Farce. Wir grinsten uns an, denn die Situation entbehrte nicht einer gewissen Komik. Ich kann es schwer beschreiben – irgendwie nahm ich die Angelegenheit gar nicht richtig ernst. Wir waren wie zwei Geschwister, die zusammen etwas ausgeheckt hatten und das Unvermeidliche erledigten. Wir verzichteten gegenseitig auf einen Versorgungsausgleich und erhoben keinerlei Ansprüche. Ich hatte beschlossen, Wolfgang seinen Teil unseres Hauses abzukaufen. Dafür nahm ich einen Kredit auf, und meine Mutter steuerte einen großzügigen Betrag bei. Es gab keinerlei Streitpunkte, und so war die Prozedur bald zu Ende.

Der Regen hatte aufgehört. Als wir als geschiedene Leute das Gebäude verlassen hatten, schauten wir uns an und wussten beide, was zu tun war. Wolfgang machte das Tandem startklar und los gings. Wieder besprachen wir im Biergarten unser weiteres Vorgehen. Wolfgang eröffnete mir, dass er nicht vorhätte, zu Andrea zu ziehen, und wie es denn wäre, wenn er in den 1. Stock ziehe und mir Miete bezahle. Wow! Das gefiel mir. So hätte ich trotz der Scheidung weiterhin ein Leben mit ihm, und ich könnte die Kreditraten mit seiner Miete bezahlen. Ich war einverstanden. In dieser Konstellation lebten wir ein gutes Jahr. Ich war mehr als zufrieden, doch in meinem Inneren rumorte es. Meine Seele war noch nicht beruhigt. Schließlich war unser Modell alles andere als ein glatter Schnitt.

11. Noch mehr Veränderung

Inzwischen hatte ich Andrea kennengelernt. Wir trafen uns in dem Ferien-Club, in welchem die beiden sich verliebt und viel gemeinsame Zeit verbracht hatten. Die Kollegen staunten nicht schlecht, dass wir nun alle drei friedlich zusammen auftauchten. Sie und Wolfgang wohnten im Doppelzimmer, ich in einem Einzelzimmer. Wir trafen uns an der Bar. Was für ein seltsamer Moment, als die beiden auf mich zukamen.

Wolfgang wusste nicht so recht, wie er sich verhalten sollte. Er entschied sich dazu, mehr Abstand zu Andrea zu halten. Das fand sie gar nicht lustig und die beiden hatten einen ordentlichen Streit mit Tränen und Abreise-Drohung. Sie blieb, und so kam es, dass ich mir auf ausgiebigen Strandspaziergängen mit ihr die Probleme mit ihm und mit ihm die Probleme mit ihr anhörte. So kann's kommen!

Ja, Andrea war mir sympathisch, und ja, die beiden waren und sind ein schönes Paar.

Das Schicksal wollte es so, dass Andrea aus ihrer langjährigen Wohnung ausziehen und sich etwas Neues suchen musste. Nun galt es für Wolfgang, Farbe zu bekennen.

Uns beiden gefiel es nicht wirklich, doch es war alternativlos. Er musste jetzt mit ihr zusammenziehen. So suchten sie sich ein gemeinsames Zuhause. So sehr ich es auch bedauerte, tief im Innersten war mir klar, dass ich mit der „Schein-Trennung" nicht wirklich frei für eine neue Beziehung war. Und alleine bleiben wollte ich auf keinen Fall. Wolfgang zog mit zwei Golfladungen aus seinem Traumhaus in sein neues Leben. Ich war in dem großen Haus allein.

Genau zu dieser Zeit geschah noch ein Wunder, denn ich erhielt ein riesiges Geschenk.

Meine Rückenbeschwerden waren zwar wesentlich besser als früher, jedoch litt ich nach wie vor unter den Zeitverschiebungen und der Nachtarbeit. Obwohl ich nun schon so lange Teilzeit arbeitete und die letzten Jahre ausschließlich in der First Class eingesetzt war, fühlte ich mich immer schwächer. Mir fehlte die Kraft. Mein Immunsystem lag am Boden. Nach den Flügen brauchte ich drei Tage, bis ich wieder einigermaßen fit war, und dann ging es schon wieder los. Ich verbrachte viel Zeit in Wartezimmern. Nach einem Bangkok-Flug hatte ich wohl wieder etwas aufgeschnappt und fühlte mich gar nicht gut. Ein Magen-Darm-Virus machte mir zu schaffen. Ich sehnte die Landung herbei. Am Ende des Fluges noch einmal durch die Kabine schweben, schauen, ob alles in Ordnung ist und den Gästen ein Lächeln schenken, das ging jetzt nicht mehr. Ich bat eine Kollegin, dies für mich zu übernehmen. Endlich begann der Landeanflug. Ich schnallte mich auf meinem Crewsitz an. Vor Erschöpfung war ich den Tränen nahe. So konnte es nicht weitergehen.

Einige Tage später stand meine nächste fliegerärztliche Untersuchung an, die alle zwei Jahre stattfindet. Am Tag zuvor fuhr ich vom Einkaufen nach Hause, als ich unversehens heftig zu weinen begann. Ich konnte gar nicht mehr aufhören. Es brach aus mir heraus: „Lieber Gott, bitte hilf mir. Ich kann nicht mehr." Wieder einmal flehte ich zu Gott. Und wieder sollte er mich erhören.

Am darauffolgenden Tag: 3:30 Uhr aufstehen und mit dem ersten Flieger um 6:00 Uhr nach Frankfurt zum ärztlichen Dienst. All die Jahre vorher war ich bei einer Ärztin; sie führte die Standard-Untersuchung durch, warf einen Blick auf die lange Liste meiner Beschwerden und Krankmeldungen und wünschte mir bis zum nächsten Mal alles Gute. Sie war im Urlaub.

Ich saß ihrer Vertretung gegenüber, Dr. G. Diese Begegnung werde ich nie vergessen. Er untersuchte mich, las aufmerksam meine Patienten-Karte, schaute erst mich an, dann wieder in seine Unterlagen, und noch einmal zu mir: „Frau Haage, Sie können doch schon längst nicht mehr fliegen." Fassungslos sah ich ihn an, und sofort schossen mir wieder die Tränen in die Augen. Die ganze Anspannung der letzten Zeit löste sich. Er hatte ausgesprochen, was ich schon lange empfand. „Wenn Sie einverstanden sind, schreibe ich Sie ab heute fluguntauglich." Ich konnte es nicht glauben. Wie in Trance trat ich die Heimreise an. War Dr. G. vielleicht in Wirklichkeit ein Engel?

Es dauerte eine Weile, bis ich realisierte, was das für mich bedeutete und welch großes Geschenk mir da letztlich in den Schoß fiel. Ich hatte 1978 mit der Fliegerei begonnen. Eine Zeit, in der Fliegen noch etwas Besonderes war. Lufthansa stand prächtig da und bot ihren Mitarbeitern sehr gute Sozialleistungen und Absicherungen. Mein Vertrag beinhaltete eine Fluguntauglichkeits-Regelung, die nach einer Dienstzugehörigkeit von 25 Jahren und einem Alter von 45 Jahren in Kraft trat. Ich war 46 und flog seit 26 Jahren. Meine finanzielle Versorgung war erst mal gesichert. Halleluja!

Bis es soweit war, verging fast noch ein Jahr. Formulare über Formulare, zahlreiche Untersuchungen bei verschiedenen Vertrauensärzten, Gutachten, Gespräche mit Vorgesetzten. Ich erledigte alles Schritt für Schritt; meine Uniform trug ich auf besagtem Bangkok-Flug das letzte Mal.

Innerhalb von zwei Jahren hatte sich mein Leben komplett verändert. Nach 23 Jahren die Trennung von Wolfgang und nach 26 Jahren das Ende meiner Zeit als Stewardess. Das Haus und mein soziales Umfeld waren die einzig verbliebenen Konstanten. Natürlich waren Haus und Grund für mich alleine viel zu groß. Mich auch noch davon zu trennen, hätte mir aber den Boden unter den Füßen weggezogen. Ich würde es schon irgendwie schaffen.

12. Auf zu neuen Ufern

Meine Ausbildungen waren abgeschlossen, und ich eröffnete die „Oase des Lichts – Praxis zur Stärkung der Selbstheilungskraft". Es macht mir viel Freude, andern ein Stück auf ihrem Weg weiterzuhelfen, sie als Mentorin zu begleiten. Die Klienten rannten mir nicht gerade die Tür ein, und das war auch gut so, denn das Managen des Alltags und die Pflege von Haus und Grund forderten eine Menge Engagement. Meine Mutter und Hannes unterstützten mich tatkräftig bei Arbeiten, die ich einfach nicht alleine bewältigen konnte. Dennoch war es zu viel! Ich wusste: Ich habe Raum um mich herum, den ich überhaupt nicht brauche – der aber gepflegt und erhalten werden will. Ungenutzten Raum empfand ich als Vergeudung. Ich versuchte das Haus zu füllen. Andere Therapeuten konnten bei mir übernachten und ihre Behandlungen anbieten. Ich versuchte, Wochenend-Workshops zu organisieren, bot regelmäßige Yogastunden und Meditationsabende an.

Auf dem Grundstück standen größere Arbeiten an. Ich wollte eine neue Hecke, die mir auf lange Sicht die Arbeit erleichtern würde. Der ganze Garten sollte pflegeleichter werden, alles sollte im Einklang mit der Natur einfach wachsen dürfen und mit geringerem Aufwand als bisher zu bewältigen sein. Ich wünschte mir heimische Büsche und Blumen, Kräuter, sowie vogel- und insektenfreundliche Pflanzen. Ich beschloss, mir professionelle Hilfe zu holen. Meine Mutter kannte einen Gärtner, der ihre Obstbäume schnitt, und sie meinte, dieser würde sicher verstehen, was ich möchte. So war es auch. Wir verstanden uns prima. Er war ein echter „Grüner", der authentisch lebte, anstatt nur von Ökologie zu reden. Wir verbrachten viel Zeit miteinander. Ich kochte mittags für uns beide, und wir führten angeregte Unterhaltungen. Er war ein völlig anderer Charakter als mein Exmann; allerdings hatte er den gleichen Vornamen. So rief ich wie früher in den Garten: „Wolfgang, das Essen ist fertig." Ich fühlte mich zunehmend wohler in seiner Gesellschaft; unsere Gespräche wurden privater. Er war geschieden, hatte aber eine Beziehung. Seinen Erzählungen entnahm ich, dass er mit seiner Situation nicht glücklich war. Offensichtlich fühlte er sich oft einsam. Oder redete ich mir das nur ein? Wir trafen uns nun auch privat; er lud mich ein, mit ihm wandern zu gehen, und er zeigte mir sein Zuhause. Was soll ich sagen? Er eroberte regelrecht mein Herz! Zu Beginn hätte ich mir das nicht träumen lassen. Er war eigentlich gar nicht mein Typ und auch noch einige Jahre jünger als ich.

Wir wurden ein Paar. Er trennte sich von seiner langjährigen Freundin. Ich konnte mein Glück nicht fassen. Ich hatte wieder einen Mann an meiner Seite. Mit ihm konnte ich lernen, Meinungsverschiedenheiten auszutragen. Er war keineswegs konfliktscheu. Leidenschaft war im Spiel. Das tat auch der Sexualität gut. Er zeigte mir, dass mit mir alles in Ordnung war. Ich hatte keine Schmerzen mehr. Das war wunderbar.

Wir waren viel in der Natur unterwegs, hörten Musik, kochten miteinander, diskutierten. Er lebte in einem winzigen Fachwerkhäuschen, hunderte von Jahren alt. Sehr romantisch. In seinem Zuhause standen größere Umbaumaßnahmen an. Wir werkelten gemeinsam am uralten Fachwerk und wühlten im Dreck. Es bot sich an, dass er während der Renovierung zu mir zog. Ich war wieder in meinem Element. Wir unterstützen uns gegenseitig, und er vermittelte mir etwas, das ich bislang nicht kannte: ein Gefühl der Sicherheit. Oft dachte ich mir: „Wenn die Welt untergeht, bin ich an seiner Seite gut aufgehoben. Er weiß sicher, was zu tun ist und beschützt mich." Ein schönes Gefühl!

13. Die alte Angst schlägt wieder zu

Nachdem wir ein gutes halbes Jahr zusammen waren, erschien Wolfgang eines Tages freudestrahlend mit einem seiner Töpfe. „Ich bringe heute meinen ersten Topf". Meine Reaktion war verheerend. Ich bekam einen riesigen Schreck. „Oh Gott, er zieht jetzt richtig bei mir ein. Es wird ernst." Ich wusste ja, dass er ein ernsthafter Mensch ist, der Verantwortung übernimmt. Eigenschaften, die ich mir so sehr bei meinem Partner wünschte.

Doch da war sie wieder, die alte Angst vor Bindung und vor Verletzung, die mich bereits als Teenager fest im Griff hatte. Von diesem Moment an tat ich alles, damit diese Verbindung scheitern musste.

Weihnachten stand vor der Tür. Wir waren bei seinen Eltern eingeladen. Panik überfiel mich. Er will es seinen Eltern sagen. Dann gibt es kein Zurück mehr. Und auch noch eine Familienfeier. Hilfe! Ich wollte auf keinen Fall mit und verhielt mich absolut kindisch. Es gab einen ordentlichen Streit. Er fuhr alleine. Bei mir waren alle Sicherungen durchgebrannt. Ich handelte wie ferngesteuert und gab der Beziehung den Todesstoß. Als er zurückkam, hatte ich seine Sachen gepackt und in den Flur gestellt. Die Angst übernahm das Kommando. Wolfgang war dermaßen erstaunt und verletzt, dass er sofort das Weite suchte. In diesem Moment war mir klar: „Ich werde leiden."

Und so war es auch. Ich litt wie ein Hund und vermisste ihn schmerzlich. So begann ich, um ihn zu kämpfen. Nach einigen vergeblichen Versuchen willigte er ein, mit mir zu reden. Es war ein langes, ehrliches Gespräch mit viel Empathie und Tränen auf beiden Seiten. Ich sah die Unmöglichkeit meines Verhaltens ein. Seine Verletzung war zu groß, und er hatte jegliches Vertrauen verloren. Fast ein ganzes Jahr versuchte ich ihn zurückzugewinnen. Ich hatte richtig „dollen" Liebeskummer. Gott, tat das weh! Wir führten immer wieder sehr gute Gespräche. Dieses Aufarbeiten half mir, zu wachsen. An einem wunderschönen Tag im Spätherbst hatte ich Wolfgang wieder um ein Treffen gebeten. Es sollte unser letztes sein.

„Gabriele ich liebe dich nicht. Ich bin wieder mit meiner früheren Freundin zusammen. Sie hat mir verziehen."

Klare Worte. Um mich zu trösten gab er mir noch diesen Satz mit: „Was zu mir gehört, kann ich nicht verlieren. Was nicht zu mir gehört, kann ich eh nicht halten." Ich verstand. Endlich konnte ich aufhören und akzeptieren. Etwas war nun abgeschlossen.

Heute ist mir klar, dass auch diese Beziehung und deren Scheitern nötig waren, um mich auf das vorzubereiten, was noch vor mir lag.

14. Ein Ritual

Ich war nicht gern allein. Jedoch gelang es mir, mich in meinem neuen Leben zu arrangieren. Ich war sehr aktiv, pflegte meine sozialen Kontakte und Freundschaften, Haus und Garten, widmete mich dem Yoga und der Heilarbeit und intensivierte meine Wieterbildungen. Was mir sehr half, waren die täglichen, ausgiebigen Waldläufe mit Dolly. Dolly kam als kleiner Welpe nach Bayreuth; meine Mutter hatte sie vor dem sicheren Tod gerettet. Dieser Hund tat meiner Seele gut. Ich liebte sie sehr, wir hatten viel Spaß miteinander und pflegten unsere täglichen Rituale. Wenn meine Mutter und Hannes verreist waren, nahm ich sie mit zu mir.

Das unschöne Empfinden aus meiner Fliegerzeit, „ich werde gelebt", war einer Freude und großen Dankbarkeit über die Möglichkeit, meine Zeit eigenverantwortlich und frei einzuteilen, gewichen. Bis nach Hawai machte ich mich auf den Weg, um meinen Wissensdurst zu stillen, und um mich weiter zu entwickeln. Auf Maui fand ich eine wohl strenge, jedoch großartige Lehrerin. Dreimal machte ich mich auf die lange Reise zu ihr. Bei Myra[2] tauchte ich tiefer in die Materie ein und bekam einen neuen Zugang zur Meditation.

Auf ihrer Organic Farm konnte ich als „Work & Travel"-Gast mitarbeiten. So kommt es, dass auf Maui drei von mir gepflanzte Papaya-Bäume wachsen.

Ich wollte meine alten Muster und Prägungen überwinden. „Je älter ich werde, desto heiler möchte ich werden, und mehr und mehr bewusst SEIN." Das waren meine großen Ziele. So begleitete ich gerne eine Freundin zu einem Seminar mit dem Titel „Die Kraft der Seele".

An diesem Wochenende erzählte uns die Referentin von einem alten Ritual, um seinen Seelenpartner zu finden. Meine große Sehnsucht nach Zweisamkeit begleitete mich nach wie vor. Ich war mittlerweile skeptisch gegenüber esoterischen Praktiken. Mein Mentor Paul Imhof hatte mir beigebracht, auf die „Unterscheidung der Geister" zu achten. Nicht immer sind die Absichten so heilig, wie sie daherkommen.

Besagtes Ritual war in ein Gebet gebettet und erschien mir vom „rechten Geist" durchdrungen zu sein. Es galt 27 Tage lang jeden Morgen ein Gebet zu sprechen und sich in drei mal neun Tagen auf eine bestimmte Weise geistig mit seinem Seelenpartner zu verbinden. Ich glaube nicht an Zufälle. Ich sehe es eher als „mir fällt etwas zu". So beschloss ich, dieses Ritual auszuprobieren.

Kurze Zeit, nachdem die vier Wochen um waren, überraschte mich meine Mutter mit der Aussage: „Wir haben dir die Zeitung vom Wochenende aufgehoben und eine Partnerschaftsanzeige markiert. Wir waren uns einig, die könnte was für dich sein."

„Mama, ich lese doch keine Partnerschaftsanzeigen. Das ist Blödsinn."

Doch der Same war gesetzt. Die Anzeige ging mir nicht mehr aus dem Kopf. Wieso meinten die beiden, dieser Mann könne für mich interessant sein? Die Neugierde siegte. Nach drei Tagen fragte ich: „Habt ihr die Anzeige noch?" „Natürlich. Sie liegt dort in der Schublade."

Da schrieb jemand, er sei ein spiritueller Mann, und er wünsche sich eine Gefährtin, die bereit sei, die „neue Energie" zu leben. Der Text erschien mir ganz schön großspurig. Wer schreibt so etwas? Und was versteht er überhaupt darunter. Ich wollte herausfinden, wer dahinter steht, und rief die Nummer an. Bereits am nächsten Tag hatte ich mein „Telefon-Date" mit Klaus. Das Gespräch dauerte eineinhalb Stunden. Ich war beeindruckt, und es war klar, dass wir uns persönlich kennenlernen wollten. Wir verabredeten uns für die kommende Woche.

Er wohnte in Nürnberg, die Stadt meiner Kindheit und Jugend. Genau dorthin musste meine Mutter zu dieser Zeit häufig wegen einer Behandlung bei einem Heilpraktiker fahren. Da sie wegen einer Verletzung nicht selbst fahren konnte, brachte ich sie zuweilen zu ihren Terminen. Es stellte sich heraus, dass die Praxis direkt gegenüber seiner Wohnung lag. Zwei Straßen weiter wohnte mein Vater mit seiner Familie. Ich kannte mich also bestens in diesem Stadtteil aus und wusste, wo der von ihm vorgeschlagene Treffpunkt war. Eine Bushaltestelle. Dies war mein erstes Date mit einem Unbekannten. Ich war ziemlich aufgeregt. Was würde mich erwarten?

Ich war etwas zu früh. Als Erkennungszeichen hatten wir besprochen, dass er eine dunkelblaue Schirmmütze tragen würde. Bald entdeckte ich den ersten Kandidaten. Gott, lass es bitte nicht diesen sein. Die Flucht nach vorne. „ Bist Du Klaus?" Er verneinte. Uff. Der nächste Mann mit Schirmmütze war eine noch schlimmere Erscheinung. Lange, verfilzte Haare quollen aus der Mütze, er trug eine ausgebeulte Hose und abgetragene „Jesuslatschen". Oh Herr, ich hätte es wissen müssen. So etwas macht man einfach nicht! Ich werde ihm höflich sagen, dass es mit uns keinen Sinn hat und hoch erhobenen Hauptes das Weite suchen. Schnell. „ Bist du Klaus?" Er strahlte mich an – doch er schüttelte den Kopf. „Ich bin Wilfried." G o t t s e i D a n k!

Wo war er denn nun? Vielleicht kommt er gar nicht. Oder er beobachtet mich und denkt sich – wenn sie solche Männer anspricht, melde ich mich lieber nicht. Nie wieder lasse ich mich auf so eine Aktion ein.

15. Der Sternenbote

Das musste er sein. Wie eine Erscheinung von einem anderen Stern kam er auf mich zu. Er war groß und schlank. Außer der Mütze trug er einen langen dunkelblauen, eleganten Wollmantel, Jeans und edle braune Schuhe. In einer Hand hielt er einen Stock aus dunklem Holz mit silbernem Knauf in Form eines Harlekin-Kopfes, in der anderen Hand eine antiquarische lederne Tasche, wie sie früher die Ärzte bei sich trugen. Aus großen blauen Augen lächelte er mich an: „Gabriele?" Höflich stellte er sich vor und bot mir seinen Arm. So gingen wir gemeinsam in ein nahe gelegenes Café.

Unter seinem Mantel trug er ein dunkelbraunes Jackett mit seidenem Revers, darauf prangte eine besondere Brosche, die wie auch der Stock ein Erinnerungsstück an den Karneval von Venedig war, wie ich später erfuhr. Ein legeres Jeanshemd unterstrich seinen außergewöhnlichen Kleidungsstil. Seine Haare waren bis auf zwei Millimeter geschoren. Er hatte ein markantes Gesicht, wunderschöne Hände und eine angenehme Stimme.

Bei unserem Telefonat hatten wir vereinbart, etwas von uns mitzubringen, das uns gerade beschäftigt oder uns einfach gut gefiel. Wir hatten unabhängig voneinander das kleinen Büchlein von Paulo Coelho „Das Handbuch des Kriegers des Lichts"3 gewählt. Er erzählte mir aus seinem bewegten Leben, gestand mir, dass er ziemlich krank ist und schilderte mir seine Visionen. Die Zeit verging wie im Flug, viel zu schnell. Meine Mutter musste warten! Wir machten uns in Richtung Arzt-Praxis auf. Ein wenig verspätet kamen wir dort Arm in Arm an. Ich traute meinen Augen nicht. Auf dem Parkplatz vor dem Gebäude stand das Auto meines Vaters, da auch er dort Patient war, wie sich im Nachhinein herausstellte. Meine Mutter saß bereits im Wagen, denn er hatte sie eingeladen, dort auf mich zu warten. Die beiden hatten vorher seit Jahrzehnten keinen Kontakt. Was für ein seltsames Zusammentreffen. Wir stellten uns gegenseitig vor. Klaus sprach meinen Vater auf ein kleines Abzeichen auf seinem Mantel an. Er war seit vielen Jahren beim Gideon-Bund, einer Organisation, die das Neue Testament kostenlos in Schulen, Krankenhäusern und Hotels verteilt. Unversehens gerieten die beiden in eine Diskussion über den Glauben und Gott. Eine unwirkliche Szene.

Meine Mutter wollte los. Wir verabschiedeten uns, und ich fuhr mit ihr zurück nach Bayreuth. Im Wagen fragte sie mich: „Und? Wie war's?" Ich musste einen Moment überlegen, denn es war etwas sehr Besonderes, und ich wusste nicht sofort, wie ich es ausdrücken sollte. „Wir sprechen die gleiche Sprache."

Am Abend erhielt ich eine Nachricht auf mein Handy. Worte voller Poesie. Am Ende stand: „Wir haben einander tief im Herzen berührt. Der Sternenbote."

16. Wer ist dieser Mann?

Beim nächsten Arztbesuch meiner Mutter besuchte ich Klaus in seiner Wohnung. Er lebte in einem 35qm-Ein-Zimmer-Apartement in einem großen Häuserblock an einer stark befahrenen Straße. Dennoch empfand ich diesen Ort als etwas ganz Besonderes. Es war sein kleines Refugium, sein Rückzugsort. Der wenige Platz war optimal genutzt. Die Schätze, die ihm wohl aus besseren Zeiten geblieben waren, hatte er sinn- und geschmackvoll angeordnet. Es gab einen filigranen Schreibtisch, eine wunderschöne antike Kommode und einen alten Überseekoffer seiner Großmutter, der als kleiner Schrank diente. Dahinter versteckt lag eine Matratze auf dem Fußboden. Seine geschützte Schlafstätte. Es gab unzählige Bücher und CDs. Viele Titel waren mir bekannt und standen auch bei mir im Regal. Wir befassten uns offensichtlich mit gleichen Themen. Er tauchte tief in die jeweilige Materie ein. Seine Bücher waren deshalb gespickt mit Bookmarkern, unterstrichenen Passagen, Fußnoten und eigenen Reflexionen. Er liebte Musik, vor allem Klassik. Lange hatte er selbst Klavier gespielt.

Am Fenster stand ein Tischchen, auf dem ein besonders schönes Jesusbild und einige Kerzen wie auf einem kleinen Altar standen. Die Wände zierten edel gerahmte Bilder und zahlreiche Fotos. Eines der Fotos zog meine Aufmerksamkeit auf sich: ein Porträt eines Jungen mit halb langen Haaren.

„Wer ist das?"

„Das bin ich, mit 15."

Ich war wie vom Donner gerührt. War es möglich, dass der Schwarm meiner Jugend vor mir stand? Wir erzählten uns unsere Schulweg-Geschichten und überprüften die Jahreszahlen. Er war es tatsächlich. Das kann kein Zufall sein. Nach 35 Jahren durfte ich ihn kennenlernen.

Und das wollte ich nun unbedingt. Wer war dieser Klaus? Was war ihm widerfahren? Fasziniert hörte ich seiner Erzählung zu. Wieder war die Zeit viel zu kurz. Wir vereinbarten einen Besuch am kommenden Wochenende, ohne auf die Uhr schauen zu müssen.

Je mehr ich von Klaus' Leben erfuhr, desto irrealer erschien mir alles. Wie konnte ein einzelner Mensch so viel erleben. Er war noch nicht einmal 50; seine Erlebnisse hätten für drei Leben gereicht.

Als er 11 Jahre alt war, starb seine Mutter bei einem Autounfall. Die ganze Familie war in einem VW Käfer auf der Autobahn unterwegs. Ein betrunkener US-Soldat rammte in voller Fahrt den Käfer von hinten mit seinem Jeep. Der Vater wurde aus dem Wagen geschleudert; es gelang ihm seine Frau und seine beiden Kinder – Klaus und seine drei Jahre ältere Schwester – aus dem Auto zu ziehen. Gerade noch rechtzeitig, bevor es in Flammen aufging. Klaus hatte auf dem Rücksitz gesessen, war nach vorne katapultiert worden und knallte mit seinem Kopf mit voller Wucht auf den Kopf seiner Mutter. Sie starb im Krankenwagen an einem Schädelbruch.

Kurz nach diesem traumatischen Erleben heiratete sein Vater seine langjährige Geliebte.

Eine schwierige Kindheit.

Die Schwester von Klaus hielt die familiäre Situation nicht aus und floh als junges Mädchen nach Marseille. Dort geriet ihr Leben auf eine schräge Bahn mit Drogen und Prostitution. Er wollte seine große Schwester immer beschützen und musste hilflos zusehen, wie sie abdriftete. Im Alter von 16 verließ auch er sein Elternhaus, schmiss das Gymnasium. Er war ein intelligenter Junge mit einem IQ von 127. Das Lernen fiel ihm leicht, jedoch nicht die Unterordnung an die Schulregeln. Sein Ventil wurde der Fußball, und talentiert spielte er bald in der Jugendmannschaft des 1. FCN. Eine große Fußballkarriere wurde ihm prophezeit. Dieser Traum zerplatzte wegen eines Hüftschadens. Die Ärzte rieten zu einer künstlichen Hüfte, und das mit 20. Klaus suchte nach Alternativen und fand einen Arzt, der ihm zu einem speziellen Training riet. Mit eiserner Disziplin zog er es durch und vermied so die OP. Schwierigkeiten machte ihm die Hüfte allerdings sein Leben lang.

So turbulent wie seine Kindheit und Jugend war, ging es auch weiter. Er arbeitete hart und lebte exzessiv. Es gelang ihm, seinen Traum, einmal in einer wunderschönen Villa zu wohnen, zu realisieren, und er schaffte es vom Taxifahrer zum Millionär. Sein Unternehmen mit 40 Angestellten sollte in eine AG umgewandelt werden, als er durch äußerst unglückliche Umstände sein gesamtes Vermögen verlor und nun auf zwei Millionen Schulden saß. Er hatte mit seinem Privatvermögen gehaftet und sich nichts heimlich auf die Seite geschafft. Daher fiel er durch alle Raster und erlitt einen Nervenzusammenbruch. Ohne Wohnsitz hatte er zunächst noch nicht einmal Anspruch auf Sozialhilfe. Diese konnte er erst beantragen, als er durch Vermittlung seiner Schwester, die seit vielen Jahren wieder in Deutschland lebte, Unterschlupf in einer kleinen Pension fand, die er als Adresse nennen konnte. Selbst aus dieser verheerenden Lage schaffte er es noch, sich wieder hochzuarbeiten. Noch zweimal stand er kurz davor, sich ein neues Leben mit gutem Einkommen aufzubauen. Anfangs sah es beide Male gut aus. Er gab alles. Und dennoch – wieder trugen tragische Umstände zum Scheitern des Neubeginns bei. In dieser Zeit, während eines Aufenthaltes in Frankreich, erkrankte er an Cytomegalie, und sein Leben hing an einem seidenen Faden.

Tragik begleitete auch sein Liebesleben: Seine erste große Liebe verließ ihn wegen eines anderen, der sehr wohlhabend war, eine andere Jugendliebe starb unter mysteriösen Umständen, seine Ehe scheiterte nach sieben Jahren, da er sich trennte, um die Mutter seines unehelichen Sohnes zu heiraten – die ihn jedoch abwies, und eine langjährige Lebensgefährtin verließ ihn, als er in die Insolvenz ging.

Und dann war da noch Susanne. Mit ihr kam er in seiner schwersten Zeit zusammen. Gemeinsam wollten sie den Neubeginn wagen. Sie waren ein bemerkenswertes Paar – bis zu Susannes Erkrankung. Zunächst traten Störungen in der Motorik auf. Weitere Ausfälle der Gehirnfunktionen kamen dazu. Die beiden bewältigten eine wahre Ärzte-Odyssee. Niemand fand die Ursache ihres Verfalls. Keiner konnte ihr helfen. Klaus versuchte selbst herauszufinden, woran sie litt. Seine Vermutung war, dass die Einnahme eines Antibiotikums, welches Susanne aufgrund chronischer Kiefer- und Zahnentzündungen über einen Zeitraum von vier Jahren eingenommen hatte, ihre innere Balance und ihr Immunsystem geschädigt hatte. Ihr Zustand verschlechterte sich zusehends. Plötzlich stand die Diagnose HIV positiv als Erklärung ihrer Krankheit im Raum. Die Nebenwirkungen der darauffolgenden Medikation zehrten Susanne zusätzlich aus. Klaus begann nun intensiv über die Thematik zu recherchieren. Die Diagnose erschien ihm mehr als suspekt. Er setzte sich mit Ärzten, Wissenschaftlern und Journalisten in Verbindung, las Fachbücher, besuchte Vorträge. Mit der Zeit war für ihn klar, dass die These derjenigen, welche den HIV-Virus nicht als Auslöser von Aids anerkennen, der Wahrheit entspricht. Das Buch von Dr. Heinrich Kremer „Die stille Revolution der Krebs- und Aids-Medizin"[3] bestätigte seine Anschauung der Ursache für Susannes Zustand. Er verfasste einen Artikel für eine Fachzeitschrift und entwarf ein Schema für ein ganzheitliches, interdisziplinäres Heilungszentrum (s. Grafik S.162).

Fast sieben Jahre lang kümmerte er sich aufopfernd um Susanne. Er setzte alles daran, ihren Gesundheitszustand zu verbessern. Dabei erreichte er viel, doch ging er weit über seine physischen und psychischen Grenzen. Wenn er liebte, dann mit jeder Faser seines Seins.

Die Arbeit als Taxifahrer ermöglichte ihm die nötige Flexibilität, um ihre Versorgung sicherzustellen. Susanne benötigte einen fest strukturierten Tagesablauf und Aufsicht. Wenn sie alleine aus dem Haus ging, verlor sie sofort die Orientierung. So waren alle Nachbarn informiert: der kleine Schreibwarenladen, der türkische Gemüsehändler, das Café am Eck und seine Taxi-Kollegen. Klaus hatte ein funktionierendes Netzwerk aufgebaut. Alle halfen gerne. Er wollte Susanne um jeden Preis ein Leben in einem geschlossenen Heim ersparen.

Doch er schaffte es nicht. Schließlich brach er selbst zusammen und musste das Taxifahren vorerst aufgeben. Es war nicht leicht, ein Heim zu finden, in dessen Obhut er Susanne geben konnte. Wenigstens in diesem Punkt wurden seine Gebete erhört. Er fand ein Haus in einem kleinen Kurort, in dem sie ein Einzelzimmer bewohnen und ihre geliebte Katze Lady behalten konnte.

Er besuchte sie jede Woche. Mit Bus und Bahn machte er sich auf den Weg, brachte ihr Taschengeld und kleine Aufmerksamkeiten. Schokolade, Kekse, Katzenfutter, Saft.

Täglich viermal telefonierte er zu festgelegten Zeiten mir ihr. Die Gespräche verliefen fast immer mit dem exakt gleichen Wortlaut. Mit unendlicher Geduld wiederholte er dieses Ritual. Er tat wirklich alles, um Susanne ihr schweres Leben so angenehm wie möglich zu gestalten, dabei fehlten ihm die Mittel, um für sich selbst ausreichend zu sorgen.

Momentan lebte er von Hartz IV und fuhr wieder Taxi, soweit dies sein Zustand zuließ. Er litt unter häufiger Migräne, hartnäckigem Husten und wurde von teils heftigem Drehschwindel geplagt. Ihm war immer kalt und er war äußerst zugempfindlich. Selbst nachts trug er eine Wollmütze.

Seine Hauptnahrung bestand aus Haferflocken und Keksen. Den Gang zur Tafel, wo Essen für Hartz IV-Betroffene ausgegeben wird, schaffte er nicht oft. Zu demütigend empfand er es überdies, sich dort in die Schlange der „Gestrandeten" einzureihen. Er hatte sein Leben lang hart gearbeitet und war weit gekommen. Sich dort anzustellen, machte ihm seinen tiefen Fall drastisch bewusst. Er war ein absoluter Schöngeist und versuchte selbst aus einer Haferschleimsuppe etwas Besonderes zu machen. Es hielt ihn irgendwie aufrecht, dass er mit allen Mitteln versuchte, seine Würde zu behalten.

17. Ich liebe Dich gesund

All das erzählte er mir ohne ein Wort des Jammerns oder Klagens. Er war schwer angeschlagen, körperlich und seelisch. Dennoch hatte er sich einen unbändigen Lebenswillen und seinen unglaublichen Humor bewahrt und strahlte Stolz und zugleich Demut aus. Eine seltene Kombination. Ich bewunderte ihn zutiefst und war zugleich fassungslos im Angesicht eines solchen Schicksals.

Sicherlich half ihm die Beschäftigung mit Spiritualität, Mystik und Psychologie. Genau wie ich vertrat er die Meinung, dass uns nichts umsonst widerfährt. Wir alle haben unsere Lernaufgaben in diesem Leben. Wir beide glaubten an Wiedergeburt und Karma. Und an eine höhere Macht, Instanz, Energie, die wir in unserem Kulturkreis Gott nennen. Für mich ist dies kein Widerspruch. So glaubte auch Klaus an die Kraft des Gebetes. Er hatte inständig um Hilfe gebeten und wünschte sich eine Gefährtin an seiner Seite. Daher hatte er es gewagt, die Anzeige zu schalten. Und nun saß ausgerechnet ich in seinem Zimmer, ich, die ihn in meiner Jugend von der Ferne aus angeschwärmt hatte. Doch damit nicht genug des „Zufalls". Klaus hatte aufgelistet, wovon er sich in seiner Situation Hilfe versprach: Yoga, Schüssler-Salze, Bachblüten, Aura Soma, vegetarische Ernährung und Bewegung in der Natur.

Ich las die Liste durch. „Mit all dem arbeite ich in meiner kleinen Praxis und wende es auch für mich selbst an."

Bevor ich ging, bat Klaus mich, noch einen Moment zu bleiben. Ich müsse unbedingt noch ein Musikstück anhören. Wim Mertens. Ein begnadeter Pianist. Einst hatte er ihn für ein Konzert nach Deutschland geholt und auf einer privaten Feier gemeinsam mit ihm gespielt. Er zeigte mir das Foto.

Damit ich den vollen Genuss hätte, setzte er mir seine Kopfhörer auf. Ich war und bin kein Klassikfan. Doch diese Klänge verzauberten mich; es war Musik wie von einem anderen Stern. Ich war so berührt, dass mir Tränen über die Wangen liefen. Ich hätte noch ewig so sitzen und lauschen können. Beim Verabschieden umarmten wir uns innig. Ich sah ihm fest in die Augen und plötzlich hörte ich mich sagen: „ Ich liebe Dich gesund." Die Worte kamen aus meinem tiefsten Seelengrund. Mein Verstand hatte hier nichts mehr zu sagen. *Die Kriterien für wahre Liebe und Nähe liegen jenseits des Verstandes.* (Rüdiger Schache, Das Geheimnis des Herzmagneten)[4]

Mein 50. Geburtstag stand vor der Tür. Bisher hatte ich immer vermieden, zu feiern. Diesmal sollte es sein. Ich war glücklich, fühlte mich selbstbewusst und dachte: „Jetzt habe ich es endlich geschafft!" Mein Leben fühlte sich rund an. Ich hatte eine Aufgabe, die mir Freude machte, einen wunderbaren Freundeskreis, fühlte mich gesundheitlich viel besser als früher, war finanziell abgesichert und vor allem: Ich hatte mein Kindheitstrauma und meine Ängste überwunden, und das Verhältnis zu meiner Mutter war geheilt – dachte ich zu diesem Zeitpunkt. An Letzterem hatte ich so viel gearbeitet und investiert. Ich sah es als meine Lebensaufgabe an, das Muster von Distanz, Lieblosigkeit und Opferdasein, das meine Mutter und Anna sowie die Generationen vorher gelebt hatten, nicht zu wiederholen. Schließlich war ich die letzte in der Ahnenreihe, und ich war mir sicher: Mit ganz viel Liebe kann ich es schaffen. Und ja, inzwischen konnten wir entspannt miteinander lachen, es gab Umarmungen und Nähe. Welche Freude!

Zu allem Überfluss war da nun auch noch ein Mann, für den ich etwas fühlte, das ich bisher noch nicht gespürt hatte. Ich war keinesfalls verliebt. Es war etwas anderes: Liebe. Mein Glück schien komplett.

Da meine Mutter und Gottfried sich beim ersten Rendezvous von Klaus und mir so gut unterhalten hatten, konnte ich es wagen, beide mit ihren jeweiligen neuen Partnern zusammen zu bringen. Gemeinsam mit ihnen und einigen lieben Freunden feierte ich bei meinem Lieblingsitaliener. Alle verstanden sich gut, das Essen war prima, und wir genossen einen richtig schönen Abend. Klaus hatte ich ebenfalls eingeladen. Seine Absage konnte ich gut verstehen, schließlich waren wir noch gar nicht richtig zusammen. Er war angeschlagen und wollte sich in diesem Zustand nicht gleich zu meinem engsten Kreis gesellen. Allerdings hatte ich den starken Wunsch, an diesem besonderen Tag auch mit ihm zusammen zu sein. Auch er hatte mich darum gebeten, dass wir uns sehen. Ich beschloss, nach dem Essen nach Nürnberg zu fahren, und wollte es mir offen lassen, ob ich die Nacht mit ihm verbringe.

Mein Geburtstag ist im Mai. Es war eine laue Nacht. Klaus hatte seinen Balkon mit 50 Teelichtern geschmückt. Er begrüßte mich mit einer langstieligen roten Rose und überreichte mir ein liebevoll verpacktes Geschenk: eine antiquarische Sonderausgabe eines Büchleins von Hermann Hesse, einem seiner Lieblingsautoren, aus seinem Bücher-Schatz. Aus der Zeit seines Wohlstandes hatte er einige Flaschen Wein gerettet. Eine davon stand mit zwei edlen Kristallgläsern für uns bereit. Wir redeten bis spät in die Nacht hinein. Langsam wurde es zu kühl, um draußen zu bleiben. Was sollte ich tun? Mich auf den Heimweg machen? Wir gingen nach drinnen – und ich blieb.

Über zwei Jahre war es her, dass ich einen Mann geküsst hatte. Vorher hatte ich darüber nachgedacht, wie es wohl sein würde. Ich konnte es mir nicht vorstellen, und der Gedanke daran erschien mir fremd und ein wenig beängstigend.

Sein Kuss war jedoch weder fremd noch beängstigend. Es fühlte sich so richtig an. Auch als er mich auf seine Arme nahm und zu seiner Matratze trug.

Mir war nicht im Entferntesten bewusst, wie sehr ich mich bisher unter Kontrolle gehabt hatte. Klaus führte mich auf unbekanntes Terrain. Ich bekam eine Ahnung davon, was wahre Hingabe bedeutet. Der Moment des Kontrollverlustes, den ich mit ihm erlebte, jagte mir Angst ein. Ich hatte die erste echte Panikattacke meines Lebens. Klaus war zu Tode erschrocken und versuchte mich zu beruhigen. Wir beide waren zu Tode erschrocken. Was für eine „erste Nacht".

Ohne die Erfahrung der vorhergehenden Beziehung wäre ich sofort geflohen und nicht wieder gekommen.

Ich blieb, wir redeten miteinander, und irgendwann sind wir erschöpft eingeschlafen. Am nächsten Morgen brachte Klaus mir einen wunderbar duftenden Kaffee und Kekse ans Bett.

Das Erlebnis zeigte mir, dass ich keineswegs alle meine Ängste überwunden hatte. Mir wurde klar, wie sehr ich Kontrolle brauchte, um mich sicher zu fühlen. Und dies nicht nur in der Sexualität. Wir hatten das Gefühl, dass wir nicht umsonst zusammengeführt worden waren. Etwas Schicksalhaftes lag in der Luft. Wir beide waren auf der Suche: auf der Suche nach Liebe, nach der Wahrheit, die hinter allem steht, nach Gott. Nach uns selbst. Und wir wünschten uns Heilung. Bisher waren wir unterschiedliche Wege gegangen. Klaus hatte sich mit seiner unglaublichen Auffassungsgabe durch Bände von Fachliteratur gelesen und durch viele Schicksalsschläge gelernt. Meine Suche bestand aus Ausbildungen, Weiterbildungen, dem Christozentrischen Familienstellen[1] und der praktischen Annäherung an christliche Mystik.

An diesem Morgen beschlossen wir, unseren Weg künftig gemeinsam zu gehen.

18. Himmel und Hölle

Nachdem meine persönlichen Umstände, meine Unabhängigkeit und meine Praxis-Angebote wie für Klaus maßgeschneidert vor uns lagen, war es keine Frage, dass er zu mir aufs Land kommt. Vorher galt es für ihn jedoch noch eine große Hürde zu nehmen. Wir sahen uns häufig und waren mit der Planung unseres Vorhabens beschäftigt. Etwas bedrückte Klaus, das spürte ich. Als ich ihn darauf ansprach, wich er mir aus. Einige Tage drückte er sich herum, und es ging ihm offensichtlich nicht gut.

Endlich fasste er sich ein Herz. „Komm, setz Dich her zu mir. Ich muss Dir etwas sagen." Wir saßen uns am kleinen Holztischchen auf seinen einzigen beiden Stühlen gegenüber. „Ich habe Dir viel über meinen Gesundheitszustand erzählt. Ich habe Dir auch viel über HIV und meine Anschauung darüber erzählt. Was ich nicht gewagt habe, ist Dir zu sagen, dass auch ich einen positiven HIV-Test habe. Regelmäßig begebe ich mich in eine Schwerpunkt-Praxis und lasse mich genau untersuchen, auch um sicher zu stellen, dass ich nicht an einer anderen ansteckenden Krankheit leide. Der zuständige Facharzt begleitet mich auf meinem Weg, keine klassischen Medikamente zu nehmen. Ich konnte es Dir einfach nicht sagen, da ich große Angst hatte, Du würdest dich von mir abwenden und nichts mit mir zu tun haben wollen."

Ich hörte mir sein Geständnis an und blieb dabei innerlich vollkommen ruhig. Das, was ich zwischenzeitlich über die Thematik gehört und selbst gelesen hatte, erschien mir absolut stimmig. Mein Bauchgefühl sagte mir, das die Dissidenten der Wahrheit auf der Spur sind, auch wenn sie eine Minderheit sind. Ich regte mich nicht auf. Noch nicht mal darüber, dass er mit mir ungeschützt geschlafen hatte. Ich verstand ihn. Man kann es auch verurteilen. Vor dem Gesetz hatte er sich strafbar gemacht. Ich konnte nicht anders, als ihn zu umarmen. Mir fiel das Gedicht von Erich Fried ein:

...
Es ist leichtsinnig, sagt die Vorsicht
Es ist unmöglich, sagt die Erfahrung
Es ist, was es ist, sagt die Liebe.

Schließlich war es soweit. An einem schönen Sommertag holte ich Klaus zu mir. Ich war so gespannt, wie es wohl sein würde, mit ihm Tag und Nacht unter einem Dach zu leben.

Nun, es wurde nicht einfach.

Er war physisch und psychisch sehr angeschlagen. Was er nun brauchte, war Liebe, Ruhe und Frieden. Liebe konnte ich ihm schenken. Ruhe gab es zunächst nicht. Und Frieden leider auch nicht.

Ich hatte ein offenes Haus mit laufenden Yoga- und Meditationskursen. Klienten kamen zur Behandlung. Ständig klingelte das Telefon. Ich pflegte meinen Freundeskreis. Der Kontakt zu meiner Mutter war sehr eng. Wir sahen uns täglich und telefonierten zusätzlich. Ich zelebrierte die so lange ersehnte Nähe. Vermutlich wollte ich nachholen, was ich als Kind so sehr vermisst hatte.

Bald war klar, so geht es nicht. Wir entwarfen einen Plan. Es galt, für mehr Ruhe zu sorgen, damit wir mit der Heilarbeit beginnen konnten. Klaus war felsenfest davon überzeugt, wieder vollkommen gesund zu werden. Sein großes Ziel war es, mit seiner Heilung die These der Dissidenten zu beweisen und später ein ganzheitliches Heilungszentrum aufzubauen.

Er war ein absoluter Macher und gab sich nicht mit halben Sachen zufrieden. Es ging um ganz oder gar nicht. So verlangte er, all meine momentanen Beschäftigungen aufzugeben, um mich unserer Heilarbeit widmen zu können. Dazu konnte ich nicht sofort ja sagen. Doch ich sah es ein. Es war kein leichter Entschluss.

Schließlich sagte ich meine Kurse ab, und wir besprachen den AB so, als wären wir die nächste Zeit nicht erreichbar. Meine Freunde und Yogis bat ich um Verständnis für meinen temporären Rückzug. Ich erzählte nicht genau, worum es ging, versprach jedoch, sie aufzuklären, sobald es mir möglich sei. Sie reagierten erstaunt und enttäuscht, aber vertrauten mir und boten ihre Hilfe an, sollte ich sie benötigen. Das tat gut.

Ganz anders meine Mutter. Auch sie bat ich um Verständnis, dass ich mich nun eine Weile ganz der Heilung von Klaus widmen wolle und nicht mehr so viel Zeit hätte. Ihre Reaktion war für mich ein regelrechter Schock. Sie vertraute mir kein bisschen. Ich sah mich völligem Unverständnis und kompletter Ablehnung gegenüber. „Du wirst doch hier keinen Hartz IV-Empfänger durchfüttern. Den wirst Du nie wieder los. So etwas gibt es nicht in unserer Familie." Dass er darüber hinaus auch von HIV betroffen war, wusste sie zu diesem Zeitpunkt noch nicht.

Hohe Schulden, Hartz IV und Krankheit. Dass da keine Mutter in Jubel ausbricht, ist verständlich. Dass man aber sofort eine Schublade aufzieht, einen Menschen verurteilt und abstempelt, ohne wirklich mit ihm gesprochen zu haben, ohne seine Geschichte anzuhören, ohne den Einzelfall zu beachten, ihn gar nicht kennenlernen will, ihm keine Chance gibt – all das machte mich fassungslos, wütend und traurig. Damit hatte ich nicht gerechnet. Wieder einmal wurde ein Mensch verurteilt, den ich sehr liebte! Früher war meine Mutter dieser Mensch. Wieder fand ich mich in der Rolle des Verteidigers und Vermittlers. Doch diesmal ging es um noch mehr.

Auch Klaus war sehr traurig und verletzt. Darüber, wie mit dieser Situation umzugehen sei, waren wir unterschiedlicher Meinung. Er erwartete von mir eine klare Stellungnahme für uns und unsere Liebe. Heute würde ich so handeln. Damals konnte ich es nicht. Ich erkannte noch nicht, wie vollkommen abhängig ich von der Zuwendung und Anerkennung meiner Mutter war. Ich bildete mir ein, dass es mir mit der Zeit gelingen würde, sie umzustimmen und ihr klar zu machen, wer dieser Mann ist, den ich liebe. So begann ich einen Spagat, der mich an den Rand der Verzweiflung führen sollte.

Trotz der unerwarteten Schwierigkeiten begannen wir mit Enthusiasmus und Pioniergeist mit der Heilarbeit. Lange hatte ich davon geträumt, einen Menschen mit den mir zu Verfügung stehenden Mitteln zu begleiten. Ich konnte alles anwenden, was ich je gelernt hatte, Neues ausprobieren und vor allem lernen, endlich mehr meiner Intuition zu trauen. Dazu ermutigte mich Klaus immer wieder, denn ich war ein großer Zweifler.

Ich begann frühmorgens Kräuter zu sammeln und damit Öl anzusetzen, während der Jin Shin Jyutsu-Behandlungen sang ich Heilmantren, mit meinem Bio-Tensor fanden wir die jeweilig nötigen Maßnahmen heraus. Wir entwickelten ein Gesamtkonzept, das auch die Ernährung, Bewegung an der frischen Luft und Meditation beinhaltete. Klaus hielt alles akribisch schriftlich fest. Schließlich wollte er später auch anderen Menschen helfen, gesund zu werden.

Mein Alltag hatte sich komplett verändert. Schnell wurde mir bewusst, dass das Zusammenleben mit Klaus eine riesige Herausforderung werden würde. Er war so vollkommen anders als alle Menschen, mit denen ich vorher zu tun gehabt hatte. Wir kamen aus unterschiedlichen Systemen. Ich aus einer normalen Nachkriegs-Familie, in der nicht über Probleme oder Gefühle gesprochen, und selbige auch nicht gezeigt wurden, da es galt, zu funktionieren und seine Pflicht zu erfüllen. Klaus kam aus einer Künstler-Familie. Seine Mutter war Musikerin, sein Vater malte. In seiner Kindheit wurde kein Gefühl zurückgehalten. Oft ging es hoch her. Er war Gefühl, Leidenschaft pur. Freude, Trauer, Wut, Angst und Dankbarkeit lebte er unmittelbar, er konnte sich nicht verstellen. Genau das hatte ich mir immer gewünscht. Einen Menschen an meiner Seite, von dem ich weiß, wer er ist. Der sich mir voller Vertrauen in seinem Sein offenbart. Er war der Mann, der sofort ins eiskalte Wasser springt, um einen in Not Geratenen zu retten, ohne auch nur eine Sekunde an die eigene Gefährdung zu denken.

Dann war da noch die andere Seite.

Auch er hatte schwer mit seinen alten Prägungen und unerlösten Traumata zu kämpfen. Tief sitzende Ängste plagten ihn und lösten große Eifersucht aus. Für ihn war mein freundschaftliches Verhältnis zu meinem Exmann ein absolutes „No Go", ein rotes Tuch. Für mich gehörte Wolfgang jedoch zu meinem Leben. Ich war froh, dass wir es geschafft hatten, trotz der widrigen Umstände Freunde zu bleiben. Auf keinen Fall wollte ich mir den Umgang mit ihm verbieten lassen! Die Wutausbrüche von Klaus entluden sich allerdings mit solch einer Wucht, dass ich den Kontakt drastisch reduzierte und nur noch wenig heimliche SMS schrieb oder telefonierte. Immer wieder kam es deshalb zu heftigen Auseinandersetzungen. Sie endeten meist damit, dass einer von uns nach draußen floh. Einmal raste Klaus zwei Stunden lang in seinem Zustand mit dem Fahrrad bergauf, bergab durch den Wald, bis er mich wiederfand. Es kam auch vor, dass er mitten in der Nacht seinen Koffer packte. Nach einem dieser Kämpfe bat er mich inständig: „Bitte versprich mir, dass Du mich immer wieder suchen wirst, dass wir beide uns immer wieder zurückholen." Ich versicherte ihm: „Ich suche Dich, und wenn ich bis zum Nordpol muss."

Wieviel Wahrheit in dieser Aussage steckte, konnte ich noch nicht ahnen.

Mein Leben drehte sich nur noch um Klaus, und ich vermisste meine Freunde. Ich erinnere mich: Eines Morgens stand ich an meinem Schlafzimmerfenster, sah hinaus in den Garten und musste feststellen: „Ich bin wie eine Gefangene im eigenen Haus". Welch eine Herausforderung! Es musste sich etwas ändern.

Ich empfand für Klaus ein Gefühl tiefer, inniger Liebe. Trotz aller Schwierigkeiten war ich mir sicher: Er ist mein Mann, mein Seelenpartner. Ich wusste, wenn ich es mit ihm nicht schaffe, wenn ich jetzt vor der Liebe davonlaufe, habe ich für immer verloren. Ich musste endlich lernen zu streiten. Lernen, mich mit aller Liebe auch für meine Rechte und Bedürfnisse einzusetzen. Wir führten lange Gespräche. Klaus war sich seiner alten Dämonen sehr wohl bewusst. Er selbst litt darunter und wollte alles tun, um auch seelisch heiler zu werden. Mit der Zeit wurde es leichter. Er fühlte sich auch gesundheitlich besser, und er begann, mir zu vertrauen. Das war wunderbar! Ich fing wieder an zu meditieren, Klaus setzte sich dazu. Mein morgendlicher Lauf mit Dolly war wieder möglich; er ging einfach eine kleinere Runde und wartete auf einer Holzbank unter einer Linde auf uns. Wir gingen miteinander in die Stadt und fanden dort unser kleines Stammcafé, machten Ausflüge in die Fränkische Schweiz und in die wunderschöne Stadt Bamberg, die er gut kannte. Ich löste für ihn sein Klavier aus, das er einem Freund auf unbestimmte Zeit überlassen hatte und kam in den Genuss seines unglaublich gefühlvollen Spiels. Ihm zuzuhören war ein großes Geschenk.

Wir liebten es, in kleine Kinos zu gehen und französische Filme anzuschauen. Saßen abends mit einem guten Glas Rotwein am Feuer und bewunderten die Sterne. Wir tanzten nachts auf der Terrasse. Unten am Fluss lauschten wir dem Wasser und den Vögeln. Wir beteten, weinten und lachten gemeinsam. Mit ihm durfte ich erfahren, wonach ich schon lange suchte, und wovon ich tief in meinem Herzen wusste: dass Sexualität etwas Heiliges ist. Was für ein Leben!

Und dann war da meine Mutter. Alle drei Tage machte ich mich auf den Weg hoch zu ihr. Dieses „hoch zu ihr", ist eine gute Metapher. Ihr Haus lag etwas oberhalb. Ich stapfte den Hügel über die Wiese hinauf. Meine naiven Versuche, sie umzustimmen, wurden allesamt abgeschmettert, und ich immer verzweifelter. Sie war einfach nicht bereit mit uns zu reden. Ich schlug vor, einen Mediator hinzuzuziehen. Es hatte keinen Sinn. Dennoch gab ich nicht auf. Ich erlag der Illusion, wenn ich ihr weiterhin mit Liebe begegne, wird alles gut werden. Sie hatte, woher auch immer, „Erkundigungen" eingeholt. Diese hatten ihre Meinung bestätigt, dass Klaus ein Betrüger oder Schlimmeres sei, der es nur auf unser Vermögen abgesehen habe. Ich fragte nach: „Was weißt Du denn? Was genau wirfst Du ihm vor?" Ich erhielt keine Auskunft. „Du weißt doch alles. Du wirst schon sehen."

Woche für Woche machte ich mich hoffnungsvoll auf den Weg. Stets kehrte ich am Boden zerstört zurück. Meine Besuche regten mich so sehr auf, dass ich Herzrasen bekam, laut wurde und in Tränen ausbrach. Klaus konnte nicht verstehen, dass ich nicht einsehen wollte, dass ich jedes Mal wie ein kleines Mädchen hochkletterte, um mir meine Prügel abzuholen, und dass meine Mutter bei diesen Besuchen ein Gift verstreute, das sich langsam in mir anreicherte. Erst heute ist mir klar, dass ich damals tatsächlich nicht als erwachsene Frau handelte. Meine Vermittlungsversuche waren der kindliche Versuch, meine Mutter nicht noch einmal zu verlieren.

Diese Situation belastete unsere Beziehung enorm. Auch die Besuche bei Susanne waren alles andere als einfach. Mindestens alle 14 Tage machten wir uns auf den Weg zu ihr ins Heim. Wir brachten ihr ihre kleinen Geschenke und luden sie zum Mittagessen in ihr Lieblingsrestaurant im Ort ein. Ständig wiederholte sich die gleiche Konversation wie auch bei den täglichen Telefonaten, die Klaus nach wie vor, mittlerweile jedoch nur noch dreimal täglich, führte. Sie hatte sich in eine Phantasiewelt eingesponnen, in welcher sich ihr Leben im immer gleichen Kreis drehte.

Die Wirtsleute kannten sie und konnten gut mit der Sonder-Situation umgehen. Ich offensichtlich nicht! Bis heute weiß ich nicht genau, was es ausgelöst hat. Auf jeder Heimfahrt überfielen mich Panikattacken. Ich bekam keine Luft mehr, begann zu hyperventilieren und wusste nicht mehr ein noch aus. Für Klaus war der Umgang mit Susanne schon schwer genug. Nun hatte er auch noch mit meiner Reaktion fertig zu werden. Er war unendlich geduldig und riet mir, nicht mehr mitzukommen. Ich wollte nicht aufgeben, auch wenn ich den Hintergrund für meine Panikattacken nicht verstand. Ich wusste, wie schwer dieser Gang jedes Mal für ihn war und wollte ihn begleiten. Doch am Ende war ich eine zusätzliche Belastung. Nach einigen Monaten gab ich auf, und Klaus fuhr alleine. Es hatte einfach keinen Sinn.

Wir brauchten Abstand.

Da es Klaus bereits viel besser ging – die Migräne kam viel seltener, die Hustenanfälle waren weniger heftig und der Drehschwindel verschwand oft gänzlich, sodass er meist ohne Stock gehen konnte – beschlossen wir, uns eine Reise zu gönnen. Wir fuhren in die Normandie. Dort hatten wir eines der typischen Steinhäuschen gemietet. Es war Herbst und bereits kühl; wir genossen lange Strandspaziergänge und Klippen-Wanderungen, besuchten alte Städtchen und prächtige Kirchen. Wir liebten die französische Lebensart.

Und wir nahmen unsere Kämpfe auch dorthin mit.

Eines Abends entdeckte Klaus, dass ich eine SMS von Wolfgang bekommen hatte. „Selbst bis ans Ende von Europa verfolgt uns dieser Kerl." Er wurde so wütend, dass ich befürchtete, er zerschlägt das Mobiliar. Ich versuchte ihn davon abzuhalten und brüllte ebenfalls herum. Wir begannen miteinander zu kämpfen. Er stand mit erhobener Faust vor mir. Holte aus. Und krachte mit seiner Hand auf den Schrank neben meinem Gesicht. Sie sah übel aus. Wir fielen uns in die Arme.

„Komm."

Wir stiegen ins Auto, und Klaus brauste durch die Nacht. Es war zwei Uhr morgens. Eine Vollmondnacht. Wir hörten Musik. An einem langen, einsamen Strand hielten wir an, setzten uns in den Sand und sahen eng umschlungen dem Spiel der Wellen zu.

Ich hatte noch nicht gelernt mit seinen Ausbrüchen umzugehen. Heute weiß ich, was geholfen hätte: ihn einfach nur in den Arm zu nehmen, ganz ruhig zu bleiben und ihm zu sagen, dass ich ihn liebe. So einfach!

Zurück aus Frankreich fühlte Klaus sich sicher genug, um meine Freunde, die Yogis und die Familie meines Vaters zu treffen. Alle wollten den Menschen hinter den belastenden Fakten kennenlernen. Sie waren sehr gespannt. Wer hatte es geschafft, dass ich mich für viele Wochen nur ihm widmete – und aus welchem Grund?

Alle schlossen ihn ins Herz.

Offen und ehrlich sprach er über seine Situation. Wir führten lange Gespräche; sein großes Wissen auf den verschiedensten Gebieten faszinierte die Menschen. Seine charismatische Ausstrahlung führte dazu, dass er bald ein geschätzter Ratgeber bei aller Art von Fragen und Problemen wurde. Das ermutigte uns, unser ganzheitliches Heilungs-Konzept auch anderen Menschen anzubieten. Endlich konnte Klaus sich wieder einbringen. Und das war auch für mich sehr wichtig.

Das „schleichende Gift" tat seine Wirkung.

Existenzangst griff nach mir. Mein Einkommen musste nun für zwei reichen. Die Nahrungsergänzungsmittel waren nicht billig. Ich hatte, lange bevor ich Klaus traf, ein neues Auto bestellt, einen VW-Golf. Meine Mutter hatte mir 5000 Euro dazu geschenkt, die ich bei ihr im Safe deponiert hatte. Nachdem Klaus in mein Leben kam, zog sie ihr Geschenk zurück; ich kündigte deshalb mein Sparbuch. Klaus hatte gleich zu Beginn unseres gemeinsamen Lebens einen Wirtschaftsplan mit genauen Vorgaben für die Höhe der Ausgaben erstellt. Ihm selbst blieben im Monat 247 Euro. Von diesem Geld kam er für die Ausflüge und Geschenke für Susanne auf. Die Buchführung beendete ich nach kurzer Zeit, denn das Ergebnis machte mir noch mehr Angst. „Das reicht nicht auf Dauer." Ich hatte einfach kein Vertrauen.

So empfand ich es als große Freude und Erleichterung, als wir beide unsere „Praxis am Ahornbaum" eröffneten. Mit seinem Sinn für Ästhetik entwarf Klaus wunderschöne kleine Informationsmappen und Therapiepläne. Wir machten uns auf, in der Stadt und im Umland persönlich für uns zu werben. Die ersten Klienten kamen aus unserem Freundeskreis. Die Arbeit machte uns beiden viel Spaß und war sehr erfüllend. Klaus wünschte sich so sehr, wieder auf eigenen Füssen zu stehen und von Hartz IV loszukommen. In mir wuchs die Hoffnung, dass meine Mutter vielleicht nun einsehen würde, dass sie sich getäuscht hatte.

PRAXIS FÜR LEBENSBERATUNG & NATÜRLICHES GESUNDHEITSMANAGEMENT

HAUS AM AHORNBAUM

Aus dem Haus für Yoga und Entspannung entstand nach Jahren intensiver Heilarbeit das Haus Am Ahornbaum, in absoluter Ruhe und natürlicher Umgebung gelegen. Integriert ist die Praxis für Lebensberatung und biophysikalisches Gesundheitsmanagement.

Meine Berichte über die neue Situation beeindruckten sie nicht im Geringsten. Weiterhin verweigerte sie mir und uns die Kommunikation. „Kommunikation ist ein Menschenrecht, sie sichert unser Überleben. Wer sie verweigert, übt subtil große seelische Grausamkeit aus."[1]

Wie sollten wir die Probleme lösen, ohne miteinander zu reden? Wieder schlug ich ein Gespräch mit einem Mediator vor. Ich schrieb ihr Briefe. „Die sind es nicht wert, dass ich sie lese", war ihre Antwort. Ich kam mir vor, als würde ich gegen eine Mauer laufen und immer wieder daran abrutschen. Ich schrie und tobte. Meine Verzweiflung wuchs von Tag zu Tag. Wenn es gar nicht mehr ging, flohen wir für ein bis zwei Tage in das Apartment von Klaus in Nürnberg. Sein kleines Refugium erschien uns wie eine rettende Insel. Diese Rückzugstage taten uns beiden sehr gut.

Dennoch, meine Vision von einem friedlichen, harmonischen Miteinander schwand dahin. Ein Leben im Streit mit meiner Mutter konnte ich mir schlichtweg nicht vorstellen. Ich wusste nicht mehr, wie ich meine Liebe zu Klaus und meine Liebe zu ihr in Einklang bringen sollte. Ich stand kurz vor einem Nervenzusammenbruch. Dann nahm meine Mutter mir auch noch Dolly weg. Zwölf Jahre lang war ich mit diesem Hund jeden Morgen unterwegs gewesen. Ein Freund habe ihr berichtet, dass ich den Hund nicht unter Kontrolle hätte. Sie verbot mir, weiterhin mit Dolly zu laufen und hinderte sie daran, Klaus und mich zu besuchen. Wie armselig. Meine lange Begleiterin, die Todessehnsucht, klopfte wieder an.

Natürlich belastete dieser unselige Zustand unser Zusammenleben zusehends. Wie sollte Klaus in dieser Umgebung vollkommen gesund werden? Auch er wurde immer trauriger, denn er sah, dass ich es nicht schaffte, mich von meiner Mutter zu lösen. Wir unternahmen den Versuch, mein Haus zu vermieten und fortzuziehen. Es klappte nicht.

Schließlich machte Klaus mir einen Vorschlag: „Biete doch deiner Mutter an, dass du ihr Haus und Grund zurückgibst, damit sie sieht, dass mich euer Vermögen nicht die Bohne interessiert. Ich liebe Dich und will mit Dir leben. Wir werden es gemeinsam schaffen und ich komme finanziell wieder auf die Füße."

Vor vielen Jahren hatte mir meine Mutter ihr Haus – mein Geburtshaus – und die 7000 Quadratmeter Grund, auf dem es stand, überschrieben. Sie hatte lebenslanges Wohnrecht, ich keinerlei weitere Rechte oder Pflichten, einen Passus, den ich leider erst viel später im Vertrag gelesen habe. In meiner Verzweiflung war ich zu diesem Schritt bereit. Wie an einen Strohhalm klammerte ich mich an diese Idee.

Meine Mutter war sehr überrascht und auch verärgert über das Angebot. Sie lehnte ab. Ich konnte ihre Reaktion nicht begreifen.

Wir sprachen mit Freunden und auch mit meinem langjährigen Steuerberater über unseren gescheiterten Plan. Dabei erfuhren wir, dass solch eine Aktion mit enormen Kosten verbunden wäre. Meine Mutter müsste eine hohe Summe als Schenkungssteuer bezahlen, dazu noch die Notarkosten und diverse andere Gebühren. Alle rieten uns von dieser Idee ab. „Unternehmt keinen weiteren Versuch. Es wäre eine irrwitzige Aktion."

Meine Mutter änderte jedoch ihre Meinung. Jetzt wollte sie das vorgezogene Erbe unbedingt zurück, nun war ich nicht mehr bereit dazu. Sie begann mich zu bedrängen. Bei einem heftigen Streit darüber sah ich sie das erste Mal, seit ich sie kenne, die Fassung verlieren. Sie weinte, flehte und konnte sich nur schwer auf den Beinen halten. Ich blieb standhaft, denn inzwischen war mir klar, was dies für eine verrückte, kontraproduktive und vollkommen unnötige Maßnahme war.

Meine Mutter fand rasch ihre Fassung wieder. Sie begann ihre eigene Tochter zu erpressen. „Es sind in nächster Zeit größere Reparaturen und Renovierungen fällig. Die musst du bezahlen. Wir fangen in Kürze damit an."

Ich war nicht mehr in der Lage klar zu denken. Wäre ich auf die Idee gekommen, meinen Vertrag in Ruhe zu lesen, hätte ich gesehen, dass diese Forderung völlig haltlos war. Doch in meinem Entsetzen über ihre Eiseskälte fühlte ich mich kraft- und wehrlos. Und noch immer war da die kleine Hoffnung, dass sich nach diesem riesigen Schritt die Dinge zum Guten wenden könnten.

Der nächste Schlag kam bei der Überprüfung der Personalien meiner Mutter durch den Notar: „Familienstand verheiratet." „Du bist verheiratet?", fragte ich verwundert. „Ja, denn es gibt schließlich verschiedene Wege, das Familienerbe zu sichern." Sie hatte tatsächlich extra geheiratet, um mich als Alleinerbin auszuschließen.

Doch damit nicht genug. Der Notar fuhr fort: „Die Rückgabe geschieht, wie vertraglich geregelt, da die Beschenkte das Anwesen beliehen hat." Wenigstens soweit war ich noch zurechnungsfähig, dass mir dieser, sehr beiläufig im monotonen Vorleseton vorgetragene Satz auffiel. Ich sprach den Notar darauf an. Er erwiderte: „Das ist nichts Besonderes. Das wird immer so gehandhabt. Schließlich umgeht man so die Schenkungssteuer." „Mit mir nicht. Ich habe keinen Kredit aufgenommen, und diese Lüge werde ich keinesfalls unterschreiben." Mit Herzrasen und einer unglaublichen Wut im Bauch verließ ich fluchtartig die Kanzlei.

Anstatt nun die ganze Sache abzublasen, ließ ich mich auf einen neuen Termin mit geändertem Text ein. Meine Mutter stritt ab, von dem Passus gewusst zu haben. Ich konnte ihr kein Wort mehr glauben. Dennoch unterschrieb ich. Und zur Krönung meiner Dummheit bezahlte ich die nicht unerheblichen Notarkosten.

Das Schlimmste war, dass die ganze Aktion kein bisschen genutzt hat. Anstatt dass sich nun meine Mutter zufrieden gab und endlich einen Schritt auf uns zuging, blieb sie steinhart. Ich sah meine Lebensaufgabe als gescheitert an. Das, was ich unbedingt vermeiden wollte, war eingetreten. Ich hatte meine Mutter ein weiteres Mal verloren!

Ich fühlte mich völlig zerrissen. Obwohl ich es nicht wollte, machte ein verborgener Teil in mir Klaus für meinen großen Verlust verantwortlich. Ich entzog mich ihm mehr und mehr. Wir spürten es beide und redeten Gott sei Dank darüber. Und doch konnte ich nichts dagegen tun. Bevor diese Wunde heilen konnte, mussten wir unsere Feuerprobe erst noch bestehen.

Unsere tiefe Seelenverbundenheit, unser starker Wille, unser Glaube und sein Optimismus gaben uns immer wieder Kraft, weiter zu gehen. Der Psalm 23 wurde unser ständiger Begleiter:

Der Herr ist mein Hirte,
mir wird nichts mangeln.
Er weidete mich auf einer grünen Aue und führet mich zum klaren Wasser.
Und ob ich schon wanderte im finsteren Tal,
fürchte ich kein Unheil, denn Du bist bei mir.
Dein Stecken und Stab trösten mich.
Du bereitest einen Tisch im Angesicht meiner Feinde und schenkest mir voll ein.
Du salbest mein Haupt mit Öl.
Gnade und Barmherzigkeit werden mir folgen mein Leben lang.

Klaus wurde oft gefragt, ob er nicht ein Buch über sein bewegtes Leben schreiben wolle. Er hatte sich bereits seit längerem mit diesem Gedanken befasst und ging tatsächlich ans Werk. Der Titel war bald gefunden: „Gib Dich niemals auf." Zunächst fanden wir gemeinsam die Überschriften für seine insgesamt 13 Kapitel. Die letzte lautete: „Das Wunder der Heilung".

Das Schreiben stellte eine große Herausforderung dar. Ich war oft ungeduldig und verstand nicht, weshalb er nicht schneller vorankam. Heute verstehe ich ihn sehr gut. Beim Schreiben durchlebt man noch einmal all die leidvollen Momente und Situationen. Trauer und Schmerz kommen erneut an die Oberfläche.

Auch wenn er nur langsam vorankam, so gab er gemäß seinem Motto nicht auf und schaute nach vorne. Wo nahm er nur immer wieder seine Zuversicht und seinen Humor her! Er machte tapfer weiter und freute sich auf die Kapitel, die ihn an glückliche Zeiten erinnern würden. Ich bewundere ihn noch immer. Nie wieder habe ich einen Menschen kennengelernt, der so kompromisslos und hart an sich selbst arbeitet. Er wollte sein Karma erlösen und seine Schattenseite, seine Eifersucht, überwinden. Wir besuchten gemeinsam Wolfgang und Andrea. Das sechs Monaten zuvor noch undenkbar. Danach kamen wir überein, dass ich für zwei Wochen gemeinsam mit den beiden Urlaub mache. Wolfgang hatte wieder ein Engagement in einem ruhigen Ferienclub auf einer griechischen Insel. Ich war im wahrsten Sinne reif dafür und brauchte Abstand von allem und Regeneration. Mein Akku war leer.

Klaus konnte derweil das Haus hüten und in Ruhe schreiben. Wie schwer es für ihn war, mich alleine gehen zu lassen, konnte ich nicht ermessen. Einer meiner Yogis, inzwischen ein guter Freund, stand ihm während meiner Abwesenheit zur Seite. Klaus wollte alles tun, damit es mir gut ginge, doch er litt ganz fürchterlich. Es blieb nicht aus, dass wir uns am Telefon stritten, wenn ich aus Griechenland anrief. „Ich bin so müde." Diesen Satz hörte ich seit einiger Zeit oft von ihm. Es schnürte mir das Herz zu, wenn er das sagte. Es hatte einen unheilvollen Klang. Er wünschte sich so sehr endlich Ruhe und Frieden in seinem Leben. Er träumte von einem kleinen Häuschen in einem weiten Tal, umgeben von Natur und liebevollen Menschen.

Wie sollte es nur weitergehen?

Die Lösung kam von außerhalb. Klaus war bereits lange in einem Portal für Stellenvermittlung im Bereich Butler, Chauffeure und Hausverwalter angemeldet. Nach meiner Rückkehr bot man ihm eine lukrative Stelle mit einer kleinen Wohnung bei einer steinreichen Familie in der Schweiz an. Der Verdienst würde ihm endlich den Abschied von Hartz IV ermöglichen, und er hätte den Rücken frei, um zu schreiben. Inzwischen war mir klar, was ein solcher Schritt für ihn bedeutete. Wieder war der Traum von

„endlich ankommen, endlich Frieden und Geborgenheit" geplatzt. Wieder brauchte es einen neuen Kraftakt, um weiterzukommen. Auch meinen Traum von einem glücklichen Zusammenleben mit Klaus und mit meiner Mutter musste ich aufgeben. Wir beide hatten alles gegeben, und doch reichte es nicht. Unsere Praxis deckte bisher nur die Kosten. Häufig arbeiteten wir auch unentgeltlich, da unsere Klienten selbst kein Geld hatten. Meine Ängste und meine Zerrissenheit ließen nicht locker, und ich fühlte mich ständig überfordert.

Beide hatten wir es uns anders gewünscht, doch wir hatten das Gefühl, dies könnte eine Lösung sein.

Wir machten einander Mut, und wir waren felsenfest überzeugt, dass wir zueinander gehörten. Die auf ein Jahr begrenzte räumliche Trennung würde uns helfen. Klaus wäre aus der Schusslinie und könnte endgültig wieder auf eigenen Füssen stehen, und ich könnte meine Gefühlswelt klären. Ich wollte ihn so oft es geht besuchen, und wir würden täglich telefonieren. Ich liebäugelte mit der Möglichkeit, eventuell nachzukommen. Vielleicht gäbe es ja auch für mich dort eine Beschäftigung. Doch eigentlich wollte ich nur noch fort von hier.

19. Das darf nicht sein

Klaus schickte seine Bewerbung ab und kam tatsächlich in die engere Wahl. Ein Vorstellungstermin wurde vereinbart. Ich hatte mit Wolfgangs Hilfe günstige Tickets besorgt. Selbstverständlich flogen wir gemeinsam.

Einige Tage vor unserer Abreise bemerkte Klaus Sehstörungen am rechten Auge. „Das vergeht schon wieder."

In der Nacht vor unserem Abflug begannen die Schmerzen. Ein heftiges Brennen und Krampfen an der rechten Taille, das bis in den Rücken ausstrahlte. Wir dachten zunächst an eine Gallenkolik. Ich wollte den Notarzt rufen. Er bat mich, es nicht zu tun. Auf keinen Fall wollte er Krankenhaus. Zu viele schreckliche Erinnerungen und Erfahrungen verbanden sich für ihn damit. „Das kriegen wir schon hin." Er krümmte sich vor Schmerzen, und er war weiß Gott nicht zimperlich. Schließlich fand er eine Körperstellung in seinem weichen Bürostuhl, die langen Beine auf dem Schreibtisch liegend, die ihm etwas Erleichterung verschaffte. Ich mixte ihm Schüßler-Salze, flößte ihm Notfalltropfen und schmerzlindernde Globuli ein und hielt verschiedene Schmerzpunkte. Erst nach zwei Stunden war der Spuk vorbei, und wir wagten uns ins Bett. Den Vorstellungstermin mussten wir verschieben.

Es war keine Gallenkolik. Der Schmerz kam wieder, Nacht für Nacht.

Die Attacken zogen sich über Stunden hin. Hinzu kamen extreme Schweißausbrüche. Klaus schwitzte jede Nacht drei bis fünf T-Shirts durch. Wir sagten den Vorstellungstermin endgültig ab.

Ende Dezember verfasste er einen Bericht über seinen momentanen Gesundheitszustand und über die Entwicklung der letzten

Wochen. Ein kleiner Auszug daraus mag verdeutlichen, was er durchmachte:

Am Abend ca. ab 19 Uhr beginnt eine extreme innere Hitze. Wie Höllenfeuer zieht sie sich vom Nabel bis zur rechten Hüftflanke. Dabei ist ein starkes Ziehen unterhalb des Rippenbogens, in Höhe der Leber/Galle zu spüren. In der Flanke entsteht ein extremer Schmerzpunkt. Die Hitze zieht sich die Wirbelsäule hoch, und verdichtet sich zwischen 7. und 8. Brustwirbel zu einem weiteren Schmerzpunkt. Der Schmerz fühlt sich an, wie das Schütten einer Säure direkt auf den Nerv, geht von außen nach innen sehr tief in den Körper und raubt mir sämtliche Kraft. Die Attacken sind kolikartig, dauern zwischen 30 und 70 Minuten und wiederholen sich ca. alle 1 1/2 Stunden. Sie bringen mich fast in die Bewusstlosigkeit.

Es musste etwas geschehen! Der Hausarzt schickte uns nach einer Ultraschall-Untersuchung zur Computer-Tomographie. Der zuständige Arzt meinte: „So was habe ich noch nicht gesehen. Sie müssen sofort in die Klinik und operiert werden." Von derlei Aussagen wollte Klaus nichts wissen. Ich konnte ihn nicht zu diesem Schritt bewegen. Vielmehr wandten wir uns an eine befreundete Homöopathin und an eine Heilpraktikerin.

Wir hatten alle möglichen herkömmlichen Schmerzmittel ausprobiert. Nichts hatte geholfen. Die Heilpraktikerin fand schließlich ein Mittel, das es schaffte, die Schmerzen zu reduzieren. Das Schwitzen blieb. Wir waren am Ende mit unserem Latein und unsere Nerven lagen blank. Mehrmals hatte ich versucht, einen Notarzt zu rufen, doch jedes Mal flehte Klaus mich an, es zu unterlassen. So versuchten wir es weiter ohne Krankenhaus.

In fünf langen Wochen schlafloser Nächte stemmten wir uns gegen das drohende Unheil. Wir beteten inbrünstig und flehten Gott um Hilfe an. Ich befand mich quasi im Dauergebet. Ich denke,

Klaus ging es genauso. Irgendwie musste es weitergehen. Bis Mitte Dezember ging es ihm tagsüber erstaunlich gut. Es gelang uns sogar eine kleine Runde auf seinem geliebten Christkindlesmarkt zu drehen. Wir besuchten unser Lieblingscafé und am Heiligabend machten wir uns auf, um mit meinem Vater und seiner Familie, mit „Kind und Kegel" Weihnachten zu feiern. Sie hatten uns eingeladen und wir sagten gerne zu, obwohl ich sonst gar nicht dafür zu haben war. Es tat gut, mit wohlgesonnenen Menschen zusammen zu sein. Die Christmette schaffte er dieses Jahr nicht. Wir mussten nach Hause.

Er war tapfer wie immer, und auch sein unglaublicher Humor hatte ihn nicht verlassen. Sein Wahlspruch während der ganzen Zeit lautete: „Alles wird gut." Ende Dezember wurde er schwächer. Ich konnte ihn überreden, meist im Bett zu bleiben. Er sollte viel schlafen, und sich erholen. Im Großen und Ganzen hatte er das Gefühl, es ginge ihm langsam wieder besser.

Am Silvesterabend 2009 waren wir gegen 21 Uhr zu Bett gegangen. Kurz nach Mitternacht stand Klaus auf, um ins Badezimmer zu gehen. Plötzlich versagten ihm die Beine. Seine 185 cm schlugen ungebremst auf meine Bettkante und dann auf den Holzboden. Diesen Anblick werde ich nie vergessen. Ich dachte, er hat sich alle Knochen gebrochen. Wohl hatten ihn seine Schutzengel aufgefangen, denn ich konnte ihm aufhelfen, alles war noch heil. Mit beiden Händen auf meinen Schultern schafften wir den Weg ins Bad. Die nächsten Tage bewegte er sich nur auf mich gestützt, bis auf einmal. Ich war in ein anderes Zimmer gegangen, und hörte plötzlich einen dumpfen Schlag. Sofort wusste ich, was geschehen war. Klaus hatte versucht, alleine vom Esstisch die zwei Stufen hinab ins Wohnzimmer zu gehen, um sich auf die Couch zu legen. Völlig verdreht lag er unterhalb der Treppe. Waren die Beine gebrochen? Ein weiteres Mal waren seine Engel zur Stelle. Er war nicht verletzt. Dennoch musste er jetzt ins Krankenhaus! Schweren Herzens sah Klaus ein, dass wir beide es nicht mehr alleine stemmen können. Was für eine Entscheidung für ihn! Vor nichts und niemandem fürchtete er sich, außer vor diesem Schritt. Er musste seinen ganzen Mut zusammennehmen.

20. Der Anfang vom Ende

Meine Schwester arbeitet als Krankenschwester. Sie half uns, einen Platz in ihrer Klinik zu finden. Es handelt sich um ein ehemals von diakonischen Schwestern geleitetes Haus mitten im Wald. Gott sei Dank kein Hightech-Bunker. Das erleichterte den schweren Gang ein wenig. Am 4. Januar machten wir uns auf den Weg. Ich selbst durfte Klaus mit einem Rollstuhl direkt vom Auto in sein Zimmer fahren. Es war ein geräumiges Zweibettzimmer. Durch ein Panoramafenster schaute man direkt in den Wald.

Spürbar weht in diesem Haus ein guter Geist. Schwestern und Pfleger sind aufrichtig besorgt und tun alles, damit ihre Patienten sich wohlfühlen. Ich weiß nicht, wie sie es anstellten, doch man hatte immer den Eindruck, sie hätten Zeit für jeden Einzelnen. Ich war sehr froh und beruhigt, dass Klaus hier ein Bett bekommen hatte. Mit dem Gefühl, dass er in guten Händen war, konnte ich ihn dort zurücklassen.

Das Krankenhaus lag 80 Kilometer von zuhause entfernt. Wir kamen überein, dass ich ihn jeden zweiten Tag besuche, und wir telefonierten mehrmals täglich. Beide hatten wir ein gutes Gefühl und warteten auf eine Diagnose. Erste Untersuchungen ergaben: Lymphkrebs, mit vielen Metastasen. Aus schulmedizinischer Sicht ein weit fortgeschrittenes Aids-Stadium auf Grund der HIV-Infektion. Wäre es ohne HIV-Test nicht einfach „nur" Lymphkrebs?

Klaus ließ sich seinen Optimismus nicht nehmen und war einverstanden, sich einer Chemotherapie zu unterziehen. Er war nach wie vor davon überzeugt, gesund zu werden. Wenn Gott wollte, dass er seinem Körper nun doch Chemie zumuten musste, würde dies sicher einen Sinn haben, wenngleich wir diesen in keiner Weise erkennen konnten. Wenn das Lymphom erst zurückgegangen sein würde, hätten wir gute Mittel, sein Immunsystem wieder aufzubauen. Er hatte doch noch so viel vor!

Bevor mit einer Chemo begonnen werden konnte, waren weitere Untersuchungen nötig. Diese konnten jedoch aufgrund seiner Blutwerte, unter anderem einem extrem niedrigen Blutzuckerspiegel, nicht stattfinden. Er benötigte hohe Gaben von Glukose.

Am 11. Januar wollten die Ärzte schließlich dennoch eine dringend anstehende Darmspiegelung durchführen. Dies gelang jedoch nicht. Ich weiß nicht, was geschehen war, doch am frühen Abend rief meine Schwester mich zu Hause an. Die zuständige Ärztin bat mich zu kommen.

Mein Gehirn schaltete auf „Funktionieren". Ich nahm meinen Autoschlüssel, setzte mich hinters Steuer und machte mich auf den Weg. In der Eingangshalle des Krankenhauses erwarteten mich meine Schwester und ihre Mutter. Sie ist eine angesehene Expertin im Bereich Hospiz–Palliativ Care. Es war also so ernst, wie es sich angefühlt hatte.

Auf der Intensivstation erwartete uns eine junge, sehr freundliche Ärztin. Sie bat uns Platz zu nehmen und erklärte die Situation: Es sei eine Komplikation aufgetreten. In ihrem Haus seien nun alle Möglichkeiten ausgeschöpft. Es handle sich um eine palliative Situation. Wir hätten die Wahl zwischen der Palliativ-Station hier im Hause oder der Uni Klinik in Erlangen. Klaus sei nicht ansprechbar.

Wir hielten Rat und kamen zu dem Schluss, dass die Uniklinik auf keinen Fall infrage käme. Das hätte Klaus nicht gewollt. Ich durfte zu ihm, setzte mich an sein Bett und begann mit ihm zu sprechen. Nach einer Weile schlug er plötzlich die Augen auf und sah mich an. Gott hat mein Stoßgebet erhört! Ich hatte ihn angefleht, er möge es möglich machen, dass ich mit Klaus über diese Entscheidung sprechen könne. Er war vollkommen klar und wir konnten gemeinsam beraten, was zu tun sei.

Dies war ein sehr trauriger und ein sehr inniger Moment. Klaus entschied sich für die Palliativ-Station.

Ich durfte nicht lange bei ihm bleiben und musste gehen. Bewegte mich wie ferngesteuert. Im Gang sprach mich die Ärztin nochmals an: „Sie müssen sich jetzt noch nicht endgültig entscheiden. Kommen Sie morgen Früh nach der Visite noch einmal vorbei." Ich bedankte mich und ging hinaus. Das Angebot, in Nürnberg bei meiner Familie zu übernachten, schlug ich aus. Ich musste alleine sein.

Am nächsten Morgen war ich zur verabredeten Zeit auf der Station. Klaus war wach und fühlte sich soweit gut. Mein tapferer Samurai! Der Chefarzt der Klinik kam ans Bett. Ein sympathischer Mann, der Kompetenz ausstrahlte. Seine blauen Augen vermittelten uns Vertrauen. Er hielt ein Plädoyer für die Uniklinik. Professor L. selbst habe mit ihm telefoniert und sei bereit, Klaus auf seine Station zu nehmen. Ihn kannte Klaus bereits aus der Zeit mit Susanne als fähigen und menschlichen Mediziner. Ferner erklärte uns der Chefarzt: „Die heutigen Therapiemöglichkeiten, sowohl für diese Art von Krebs als auch für die HIV Infektion sind derart wirkungsvoll, dass es in ihrem Alter große Heilungschancen gibt. Sie müssen es auf jeden Fall versuchen. Die Palliativ-Station ist definitiv die Endstation. Das kommt doch gar nicht infrage."

Nach dieser Aussage fühlten wir uns nicht in der Lage, unseren festen Entschluss vom Vorabend umzusetzen. Klaus stimmte einer Verlegung zu. Das Schicksal nahm seinen Lauf.

Ich konnte den ganzen Vormittag bei ihm bleiben. Wir plauderten, ich durfte ihn waschen; er fühlte sich relativ gut. So konnte ich ihm sogar einen Kakao und ein Stück seines geliebten Apfelkuchens ans Bett bringen. Wir warteten auf die Verlegung. Keiner konnte uns genau sagen, wann es soweit sein würde. Er wünschte sich, dass ich ihn in die Uniklinik begleite, hinter dem Krankenwagen herfahre. Eine Stunde um die andere verging. Gegen Mittag fühlte ich mich körperlich dermaßen angeschlagen, dass ich mich dazu nicht mehr in der Lage sah. Die vergangene Nacht hatte ich kaum geschlafen, und die Wochen vorher hatten ihre Spuren hinterlassen. Ich war einfach fix und fertig. Da ich nicht wusste, wie lange es noch dauern würde, und fürchtete, dass ich nach der Einlieferung wohl erstmal lange nicht zu ihm dürfte, bat ich ihn um Verständnis und machte mich auf den Heimweg. Wir vereinbarten zu telefonieren, sobald es möglich war, und ich versprach ihn am nächsten Tag zu besuchen. Ich ließ Klaus allein.

21. Intensivstation

Später machte ich mir deswegen große Vorwürfe. Nie hätte ich ihn auf diesem so schweren Gang alleine lassen dürfen! Irgendwie hätte es gehen müssen. Wenn man doch nur vorher wüsste, was man hinterher weiß.

Es war ein schwerer Abschied. Wir waren beide sehr traurig. Ich war unruhig und die Gedanken schossen hin und her. War es die richtige Entscheidung? Er hatte doch so große Angst vor diesen Großkliniken. Die Frau meines Vaters bestätigte meine Bedenken. Sie persönlich wäre bei der ursprünglichen Entscheidung geblieben. Vor ihrer Arbeit im Hospizbereich war sie jahrzehntelang OP-Schwester. Sie wusste, worum es geht. Ich versuchte mich zu beruhigen. Der Chefarzt wird schon wissen, was er uns rät.

Am Abend dann der erste Schock. Die Telefonvermittlung der Klinik teilte mir mit, Herr Steinruck sei nicht auf der Station von Professor L., sondern auf der Intensivstation I.

Dort nahm ein freundlicher Pfleger ab und versprach, das Telefon zu ihm zu bringen. Er wisse nur nicht, ob in dem Zimmer Netzempfang möglich sei. Aufgeregt wartete ich. Am anderen Ende erklang eine zittrige, schwache Stimme: „Hallo Liebes, es geht mir gut, die tun, was sie ...." Danach erklang ein schepperndes Geräusch, als falle ihm der Hörer aus der Hand. Ende des Gesprächs! Ich war wie vom Donner gerührt, nicht fähig, nochmals anzurufen, um mich zu erkundigen, was geschehen war. Ich erhielt auch keinen Rückruf. Ich begann zu zittern und zu schluchzen.

Das hatte uns der kompetente Chefarzt nicht gesagt. Von

Intensivstation war nicht die Rede. Das hätte Klaus nicht gewollt!

In der Nacht bekam ich eine starke Migräne, die mich den ganzen nächsten Tag lahmlegte. An eine Autofahrt war nicht zu denken. Ich versuchte telefonisch etwas zu erfahren. Es ginge ihm den Umständen entsprechend gut, man habe viele Untersuchungen durchzuführen, und ich könnte ihn heute sowieso nicht besuchen.

Am nächsten Tag ging es mir besser. Ich fieberte der Besuchszeit entgegen. Diese war nur auf jeweils eine Stunde begrenzt. Von 15 bis 16 Uhr oder von 19:30 bis 20:30 Uhr. Da ich so gut wie nachtblind bin, entschied ich mich für die Nachmittagsstunde.

Meinen Weg in die Uniklinik fand ich problemlos. Pünktlich zur Besuchszeit läutete ich an der stets verschlossenen Tür zur Intensiv 1. Nach kurzer Wartezeit wurde ich eingelassen. Klaus lag im Zimmer Nummer 8. Es war ein großes Einzelzimmer, voll mit technischen Apparaten. Mir wurde gestattet, einige persönliche Dinge dazulassen: einen CD-Player, ein kleines Schutzengelchen und seinen treuen Begleiter, den Plüschbären „Bubbel-Bär". Ein seltsamer Anblick, sein kleines, geliebtes Maskottchen, aufrecht sitzend mit mutig freundlichem Blick gemeinsam mit dem Engelchen als Vertreter einer anderen Welt inmitten von Hightech-Geräten und blinkenden Displays.

Klaus war nicht ansprechbar. An seinem Körper waren zahlreiche Schläuche und Beutel angebracht. Sein Anblick trieb mir die Tränen in die Augen. Ich war geschockt. Ich legte eine seiner Lieblings-CDs ein und setzte mich an sein Bett. Ich hatte keine Ahnung, was in dieser Situation das Beste für ihn ist. Meinem Bauchgefühl folgend erzählte ich ihm, was zuhause los ist und streichelte seine Hand. Ich versuchte, so „normal" als möglich zu klingen. Die Stunde war schnell vorüber. Ich legte nochmals eine neue CD ein und verabschiedete mich mit schwerem Herzen.

Draußen erwartete mich die zuständige Ärztin. Sie erklärte mir, dass die Lage sehr ernst sei. Es könne sich jederzeit etwas in die eine oder die andere Richtung ändern. Man vermute ein sogenanntes B-Zell-Lymphom, doch seien noch einige Untersuchungen nötig, bevor mit der passenden Chemo-Therapie begonnen werden könne. Sie riet mir, einen gesetzlichen Betreuer zu bestellen, denn ich sei vermutlich emotional zu sehr involviert, um alleine eventuell nötige Entscheidungen zu treffen. Ich versprach mich darum zu kümmern und machte mich auf den Heimweg.

Einige Telefonate später konnte ich Christine, eine mit uns befreundete Ärztin für die Betreuung im medizinischen Bereich gewinnen. Den administrativen Teil wollte ich selbst in die Hand nehmen, um zu vermeiden, dass ein wildfremder Mensch in den persönlichen Sachen von Klaus herumwühlen muss. Ihm als Sternzeichen Krebs war sein Heim heilig.

Nach meinen ersten Besuchen in der Uniklinik beschloss ich eine Art Tagebuch zu führen. Es tat sich so vieles, und ich wollte in der Lage sein, Klaus zu berichten, was alles geschehen war, wenn er wieder draußen wäre.

Hallo Liebster, Berichte und Gedanken aus einer bewegten Zeit

25. Jan.
Quer durch die Galaxie ... es ist so viel passiert, seit du auf der Intensivstation liegst. Noch immer bist du in Lebensgefahr. Bisher war ich drei Tage bei dir in Erlangen und machte einen Tag Pause. Ab dieser Woche komme ich jeden zweiten Tag, und

Samstag und Sonntag. Ich tue, was ich kann. Die letzte Woche war sehr schwer. Du bekamst weniger Schlafmittel, und ich erlebte dich als Menschen, der furchtbar leidet, traurig und verzweifelt ist, und der sich nicht wehren kann. Das hast du nicht gewollt!

Auch für mich waren diese Tage wie Folter. Christine macht mir Mut. Sie sagt, du bist ein Kämpfer, und wenn es einer schaffen kann, dann du. Am dritten Tag wurde es etwas besser. Ich hatte den Nachtdienst angerufen, und nochmals dringend gebeten, etwas zu tun, damit du weniger leiden musst. Bei derlei Gesprächen höre ich allerhand Erklärungen und medizinische Tatsachen wie: es sei nicht wünschenswert, dich zu sehr zu sedieren. Dennoch haben sie anscheinend mehr Beruhigungsmittel in deinen „Cocktail" gegeben, denn du warst ruhiger. Deine Chemo wurde nach dem ersten Schub geändert, da erst durch eine eingeschickte Gewebeprobe klar wurde, um welche Art von Lymphom es sich handelt.

Am zweiten Tag nach deiner Einlieferung war eine Katheter-OP angesetzt, die dringend nötig war, damit deine Nieren die Chemo überstehen. Deiner schlechten Werte wegen konnte sie nicht durchgeführt werden. Du bekamst Blutwäsche, um den miserablen PH-Wert zu verbessern. Diese Maßnahme brachte nicht den gewünschten Effekt. Dennoch wurde mit der Chemo begonnen. Daraufhin versagte eine Niere. Dieses Risiko hatten sie bewusst in Kauf genommen. Du musstest an die Dialyse. Damit nicht genug! Auch diene Lungen waren überfordert. Du bekamst einen Tubus gelegt und wurdest künstlich beatmet.

Seit dem 22. Jan. muss man sich verkleiden, wenn man dich besucht. Die Chemo hat deine weißen Blutkörperchen zerstört, so besteht die Gefahr, dass du einen Infekt bekommst, und so was könntest du jetzt gerade gar nicht gebrauchen. Na, prima!

Am 24. Jan konnten sie den Tubus wieder entfernen. Ich habe mich so gefreut, und gehofft, bald wieder mit dir reden zu können. Unser letztes Gespräch hatten wir vor deiner Verlegung. Das letzte, was ich von dir hörte, waren die wenigen zittrigen Worte bei dem abgebrochenen Telefonat am ersten Abend.

Die Enttäuschung war groß, ebenso der Schock. Du warst vollkommen verwirrt, hast seltsame Laute von dir gegeben und Grimassen geschnitten. Sie haben dich, wie man so schön sagt, fixiert, d. h. am Bett festgebunden, da du an deinen Schläuchen gezerrt hattest. Es ist absolut verständlich für mich: Es sind einfach zu viele.

Ich befürchtete, dass du einen Gehirnschaden erlitten hast. Völlig fertig bat ich den Arzt um ein Gespräch. Er versuchte mich zu beruhigen: „Nach all den Medikamenten und der langen künstlichen Beatmung sei dein Verhalten völlig normal. Im Gegenteil, du hältst dich sehr tapfer. Da gibt's ganz andere Reaktionen."

26. Jan.
Heute warst du sehr unruhig, und deine Augen sind immer wieder weggeschlupft. Das Atmen wurde durch eine Sauerstoffmaske über Mund und Nase unterstützt. Die Dialyse war abgeschaltet, das Herz-Kreislaufmittel konnte etwas reduziert werden.

Nach meinem Besuch bei dir schaute ich noch bei meiner Schwester vorbei. Sie macht sich große Sorgen wegen Aids. Ich habe einige Bücher und ausgedruckte Internetseiten mitgebracht, doch sie ließ sich nicht beruhigen. Sie ist eine junge, aufgeschlossene Frau, doch bei diesem Thema möchte sie nichts über neue Erkenntnisse hören. Ich war erst sehr spät zuhause, und fühlte mich wie nach einem Marathon.

27. Jan.

Heute Nacht mussten sie dich wieder intubieren. Du hast einen Infekt bekommen und hattest Blut in der Lunge. Auch die Dialyse müssen sie wieder anhängen.

28./29. Jan.

Hallo Liebster, gestern hab ich mal wieder nach deiner Post gesehen; nur Reklame und Rechnungen. Bei meinen Besuchen bin ich immer sehr gespannt, was mich erwartet. Diesmal sahst du wieder vollkommen anders aus. Nicht mehr blass, sondern sehr rosig, allerdings auch sehr aufgeschwemmt. Bestimmt bekommst du Cortison. Gott sei Dank hast du geschlafen, denn der Tubus und all die anderen Schläuche sahen besonders bedrohlich aus. Ich hab das Gefühl es werden immer mehr. Dein Mund und deine Zähne waren Blut verklebt. Was musst du nur alles aushalten!

Heute war Frau Dr. H. für dich zuständig. Die Ärzte sowie auch Pfleger und Schwestern wechseln sehr häufig. Das ist schade, so hat man keinen festen Ansprechpartner. Wahrscheinlich ist dies so gewollt. Deine Laborwerte zeigen eine Verbesserung, was die Tumore angeht, doch der Infekt ist problematisch.

Nach meinen Besuchen bei dir gehe ich jetzt immer in eine Kirche, gleich um die Ecke. Es ist die Herz Jesu Kirche. In einem kleinen Seitenschiff befindet sich ein wunderschönes gleichschenkeliges Holzkreuz mit Bergkristallen und einem flammenden Herzen verziert. Dort knie ich nieder, um für dich zu beten und um für mich um neue Kraft zu bitten. Heute mache ich wieder „Urlaub" zuhause.

Am Morgen fühlte ich mich fix und fertig. Ein langer Spaziergang im tief verschneiten Wald tat mir sehr gut. Heute Abend treffe ich mit meinen beiden Freundinnen. Es tut so gut, zu wissen, dass man auch in schweren Zeiten nicht alleine ist. Freundschaft ist ein großer Schatz!

30. Jan.

Hallo Liebster, was soll ich dir sagen? Ich bin so traurig, und eigentlich ist es nicht auszuhalten. Der für dich heute zuständige Arzt bat mich in sein Zimmer, um mir zu erklären, dass deine Galle stark entzündet oder gar perforiert ist. Eine OP sei dringend angezeigt, ist aber wegen deines schlechten Gesamtzustandes nicht machbar. Deine Blutplättchen und das Knochenmark haben sich nach der Chemotherapie noch nicht wieder erholt; außerdem hast du einen weiteren Infekt bekommen. Die Sterbewahrscheinlichkeit bei einer OP liegt bei 95 %. Eine Computertomographie wäre sehr wichtig, geht aber nicht, denn dann wäre deine Niere definitiv „hinüber", wie sich der Arzt ausdrückte. Ein MRT geht auch nicht, denn den Transport würdest du nicht überleben. Es besteht allerdings die Möglichkeit, dass sie sich täuschen, und dass das mit der Galle gar nicht so dramatisch ist. Raus müsste sie allerdings dennoch innerhalb dieses Jahres, ansonsten muss ich jederzeit mit einer drastischen Verschlimmerung rechnen, und ob der Tumor im Gehirn bleibende Schäden hinterlässt, weiß man noch nicht.

Da fällt einem doch nichts mehr ein? Was sagst du dazu? Das darf doch nicht wahr sein! Du tust mir so leid! Wo bist du hier nur hingeraten? Ich möchte Dich einfach nur im Arm halten und dir Geborgenheit und Nähe schenken. Wie kann ich dich da nur rausholen? Ich muss unbedingt mit Christine reden.

Ich wünsche dir eine behütete Nacht und bin in Gedanken bei dir. Bis morgen ...

31. Jan.

Hallo Du!

Christine ist nach wie vor optimistisch, sie sagt, sie kann es nicht verantworten, jetzt aufzugeben. Nach all dem, was du jetzt bereits überstanden hast, ist es mehr als offensichtlich, dass du kämpfen willst. Auch die Ärzte sagen mir, dass du gar nicht leiden musst, dies sei lediglich meine subjektive Empfindung. So ein Schwachsinn! Immerhin gibt es heute eine kleine labortechnische Verbesserung. Na, das ist doch was!

Mit dem festen Vorsatz, stark zu sein, um dir Kraft und Mut zu vermitteln, kam ich zu dir. Als ich dich so da liegen sah, musste ich sofort wieder weinen. Du hattest ein Auge offen, und es schaute vollkommen ins Leere. Das andere war nur einen Spalt geöffnet. Deine Haare beginnen auszufallen, und du warst wieder sehr blass. Wenn ich dich so sehe, tut das so weh, weil ich weiß, wie sehr und wie lange du gekämpft hast. Du hast so viel Wissen in deinem klugen Kopf und noch eine Botschaft: dein Buch, das du angefangen hast. Wenn du jetzt gehst, oder nicht mehr der Klaus bist, der du warst, wo ist dann der Sinn für all die Anstrengung und Mühe? Natürlich hat es keinen Sinn darüber nachzugrübeln. Es ist, wie es ist. Wir müssen uns fügen und versuchen, das Beste daraus zu machen.

3. Feb.

Liebster,

vorgestern hat Christine dich besucht, sie empfand deinen Zustand gar nicht so schlecht. Ich konnte die administrativen Dinge erledigen. Hat alles gut geklappt! Doch nun zum heutigen Besuch. Du hast eine kleine Reaktion gezeigt und deinen Kopf ein wenig hin und her bewegt. Ich hatte eines unserer Bücher dabei, um dir ein bisschen vorzulesen: Die Geschichte von „Eddi &

Joseph"[6]. Einige der hübschen Bilder hielt ich dir ganz dicht vors Gesicht. Ich hatte den Eindruck, dass sie dir gefallen. Darüber habe ich mich gefreut wie ein Kind. Der Arzt sagte, deine Entzündungswerte sind zurückgegangen. Ein guter Tag!
Auf der Heimfahrt habe ich beschlossen, nur noch positive Meldungen oder ein „es geht ihm den Umständen entsprechend" weiterzugeben, wenn jemand nach dir fragt. Ich muss einen anderen Blickwinkel einnehmen. Weißt du, dich so zu sehen, ist sonst nicht zu ertragen. Als Laie habe ich das Gefühl: du wirst hier geschunden und vergiftet. Ich kann mir nicht vorstellen, wie du lebend und unbeschadet hier herauskommen sollst, weine sofort los, wenn jemand nach dir fragt, und auch sonst bin ich ziemlich wackelig. Ich will versuchen, zu verinnerlichen, dass wir Menschen viel aushalten und dass es bestimmt möglich ist, dass du wieder vollkommen gesund wirst. Bestimmt musst du gar nicht so viel leiden, wie ich es empfinde! Schließlich bekommst du ständig Schmerz- und Beruhigungsmittel. Hoffentlich geht meine neue Strategie auf.

5. Feb.
Lieber Klaus,
gestern ist Angelika mitgekommen. Sie hat vorgeschlagen, über deine geliebte Fränkische Schweiz zu fahren anstatt die Autobahn zu nehmen. Was für eine gute Idee! Stell dir vor, so ist die Strecke insgesamt 60 km kürzer und die Fahrt ohne den vielen Lastverkehr ist etwas entspannter. Eis und Schnee ist ja überall.
Deine Gesichtsfarbe schien sehr gelb. Die Ärztin meinte, deine Blutplättchen bilden sich wieder, doch leider steigt der Entzündungswert. Wie auch immer, wir fanden dich ohne Heiz- oder Kühldecke. Ich kam problemlos an deine schönen Füße, um sie

ein wenig zu massieren. *Außerdem gelang es mir, dir ein Mantra vorzusingen, was mit Mundschutz gar nicht so leicht ist! Wir hatten beide den Eindruck, es tut dir gut.*

6. Feb.

Liebster! Trauer, Trauer, Trauer! In der Klinik habe ich bei meinem Gespräch mit dem Arzt nur geweint. Zuhause habe ich vorsorglich Musikstücke für unsere jeweilige Trauerfeier ausgesucht. Ich will auch nicht mehr weiterleben, solltest du gehen.

Weißt du, du warst ein klein bisschen wach. Du hast mich angesehen mit einem Blick voller Trauer und stillem Schmerz. Tränen liefen über dein Gesicht. Ich versuchte dich zu trösten, dir irgendetwas Gutes zu tun: deine Füße zu massieren, dir eines deiner Lieblingslieder vorzuspielen, deine Brust zu streicheln – das mochtest du doch immer so gerne. Doch ich hatte den Eindruck, dir ist grad alles zu viel. Dass es Dir jetzt so schlecht geht, hast du nicht verdient! Und ich sitze hier und bin völlig hilflos.

7. Feb.

Hallo Du! Wieder einmal ging es mir nach meinem Morgengebet und der Meditation besser. Ich drehte eine große Runde im Wald. Endlich scheint die Sonne wieder! Blauer Himmel nach all dem bleiernen Grau. Ich spüre tiefste Verbundenheit mit dir, und ein Gefühl großer Dankbarkeit erleichtert mein Herz. So schwer die Zeit jetzt auch ist, ich erfahre so viel Liebe, Zuneigung und Anteilnahme. Viele Menschen schicken dir und mir Kraft und viele beten für dich. Das tut so gut nach all der Ungerechtigkeit, die du erfahren hast. Heute schaut dein Freund Otto nach dir. Ich habe mich an meinem freien Tag gut erholt. Wieder einmal hat Gott mir Kraft geschenkt. Ich will an Wunder glauben!

8. Feb.

Liebster Klaus, du kennst das berühmte Gemälde „der Schrei".
Genauso lagst du vor mir: Du hast deinen Kopf heftig hin und her
bewegt und deine Augen fest zusammen gedrückt. Tränen liefen
über deine Wangen. Ein einziges großes NEIN, ich ertrage es
nicht länger. Wie gerne würde ich mich täuschen! Weißt du noch,
wie du mich oft Drama-Queen genannt hast, weil ich wohl den
Hang habe zu dramatisieren? Ich fürchte, in deinem Fall ist es
wirklich ein Drama, zumindest empfinde ich es so! Wie kann ich
dir nur helfen? Ich habe einfach nur deine Hand gehalten. Ich
hatte keine Lust in die Kirche zu gehen. Stattdessen habe ich
laut mit Gott geschimpft. Wieso tut er uns das an? Schließlich
kniete ich mich doch noch vor mein Kreuz, um das Herzensgebet
zu schluchzen.

Ich erreichte Christine und bat sie verzweifelt, etwas zu tun.
Wir müssen dich da rausholen! Sie versprach, am Abend nach dir
zu sehen, und mit den Ärzten zu reden.

Oh Baby, du kennst mich so gut wie kein anderer Mensch,
obwohl wir erst eineinhalb Jahre zusammen sind. Ich wünsche
mir so sehr, dass du wieder mit mir sprechen kannst!

10. Feb.

Ich bin so wütend! Die Ärzte konnten Christine von der Notwendigkeit einer Gallen-OP überzeugen. In Rücksprache mit mir will-
ligte sie ein. Sie erklärte mir den medizinischen Standpunkt.
Demnach gibt es keine andere Wahl. Das kann doch nicht wahr
sein! In deinem Zustand ein solcher Eingriff. Für mich war diese
Entscheidung furchtbar. Ich glaube nicht, dass du zugestimmt
hättest. Wer erst einmal in dieser Mühle steckt, kommt nicht
mehr heraus! Es ist offenbar nicht möglich, einen Gang zurück-
zuschalten.

Heute Nachmittag war es so weit. Sie haben deine Gallenblase entfernt! Es tut mir so leid! Bei meinem Anruf am Abend höre ich, du hast die OP, wie der Arzt versicherte, „überraschend" gut überstanden. Nun ja, sie gehen auf deine Kosten hohe Risiken ein.

Natürlich war ich sehr erleichtert und glücklich zu hören, dass die Operation gut gelaufen ist. Doch soeben rief ich noch einmal in der Klinik an, um Genaueres zu erfahren. Die Ärztin war nicht sehr mitteilsam, doch was sie sagte, reichte mir schon. Die Gallenblase war gar nicht perforiert, und es war dem Ärzteteam schon vorher klar, dass die Entzündung zurückgehen würde. Der Eingriff geschah quasi „vorsorglich", weil sie mit der nächsten Chemotherapie weitermachen wollen! Das ist so gemein! Bitte überlebe diesen Wahnsinn und berichte den Menschen in deinem Buch darüber. Ich habe ja alles aufgeschrieben. Wie nur soll dein geschundener, vergifteter Körper den ganzen noch kommenden Irrsinn überstehen? Ich flehe Gott an, dir beizustehen.

12. Feb.
Lieber Klaus! Wieder einmal blanke Hilflosigkeit! Was soll ich dir erzählen? Was kann dich aufbauen? Ich halte deine Hand und streichelte vorsichtig deine Wange. Du wirfst deinen Kopf hin und her und dabei fühle ich deine Machtlosigkeit, deinen Schmerz, deine Trauer, deine Wut, deine Verzweiflung. Alle paar Minuten muss ich mich setzen, ich hab das Gefühl, ich falle um, und mir ist übel. Und doch will ich versuchen, dir irgendwie Mut zu machen. Alles wird gut.

Frau Dr. L. nimmt sich Zeit für ein Gespräch, doch es ist sinnlos. Welten trennen unsere Anschauung. Sie sieht die nackten Fakten, Blutwerte etc. und schöpft ihre technischen, chemischen

Möglichkeiten aus. Ich jedoch sehe und spüre dich als leidenden Menschen. Ihr letztes Argument: „Ohne unsere Maßnahmen wäre er schon lange tot." Daraufhin habe ich geschwiegen. Ich weiß nicht, was besser ist.

13. Feb.

Liebster Klaus, gestern Abend rief ich in der Klinik an. Durch einen neuerlichen Infekt hast du hohes Fieber bekommen. Alle Schläuche wurden gewechselt. Du hast einen Erguss in der Lunge, so dass sie eine Drainage legen mussten. Scheiß Krankenhauskeime!

Was kommt denn noch! Ich kann nicht mehr! Du sollst es doch gut haben! Du sollst doch gesund werden und noch ganz viel Liebe und Glück in deinem Leben erfahren! Wir alle sind doch geliebte Kinder Gottes, wie kann das alles sein? Habe ich denn alles falsch gemacht? Wir zwei haben alles gegeben, immer versucht, alles richtig zu machen, uns an die göttlichen Gesetze zu halten. Wo liegt der entscheidende Fehler? Was muss ich ändern? Ich kann dir nicht helfen und muss deine Qualen mit ansehen. Es zerreißt mir das Herz!

Christine ist auch nicht da; sie ist für 10 Tage auf einer Fortbildung. Am liebsten würde ich dich entführen.

19. Feb.

Mein Lieber, die letzten Tage konnte ich nicht schreiben, es ging einfach nicht. Bei meinem letzten Eintrag war ich so verzweifelt, dass ich dachte, jetzt halte ich wirklich nicht mehr länger durch.

An diesem Abend war ich am Ende, und schrieb mir in einem Abschiedsbrief alles von der Seele. Ich wusste nicht, wie lange ich sein und auch mein Leiden noch ertragen konnte. Ich hatte meine Mutter verloren, war drauf und dran gewesen, unsere Liebe für sie zu opfern, hatte fast eineinhalb Jahre Gefühls-Chaos hinter mir, den ungeheuer anstrengenden Dezember, und musste nun hilflos mit ansehen, wie dieser wunderbare Mensch, der eine immense Lebensenergie besessen hatte, ein kraftvoller, charismatischer, hoch intelligenter, liebevoller Mann, der Mann, den ich von Herzen liebte, auf eine unmenschliche, grausame Art gequält wurde. Ich war vollkommen hilflos. Wie sollte ich mit all dem Erlebten weiterleben können?

Du hast immer gesagt, ich sei mutig und stark. Da scheint etwas dran zu sein. Ich bin noch da.

Einmal mehr halfen mir meine Gebete, die Natur und Gespräche mit Freunden. Manche von ihnen gehen gerade selbst durch einen großen Seelenschmerz. Man ist nicht allein mit seinem Kummer. Irgendwie ein tröstlicher Gedanke! In mir erwuchs eine neue Zuversicht. Wenn es sein soll, kannst du es schaffen! Es gab und es gibt Wunder! Du hast noch so viel zu sagen, zu geben und zu bekommen.

Ein kleines Wunder bekam ich bereits geschenkt. Bei meinem gestrigen Besuch warst du ruhiger und zum ersten Mal seit vielen Wochen sahst du mich mit klaren, strahlend blauen Augen an. Was für eine Freude! Ich war so glücklich! Vielleicht bist du jetzt über den Berg.

25. Feb. (Rückblick)
Liebster, was soll ich sagen? Schon wieder bin ich sprachlos. Dein strahlender Blick war ein einmaliges Geschenk. Bereits am nächs-

ten Tag waren deine Augen trübe und schauten ins Leere. Die dritte Chemotherapie ist abgeschlossen.

Einer der Pfleger setzte sich die Tage zu mir. Auf der Station ist momentan ungewöhnlich wenig los. Er hatte Zeit und plauderte „aus dem Nähkästchen". Er und seine Frau haben selbstverständlich eine Patienten-Verfügung. Was hier geschieht, würden sie beide auf keinen Fall mit sich machen lassen. Seiner langjährigen Erfahrung nach hast du keine Chance. Er würde das nicht zulassen und sagte: „Wissen Sie, 75 Prozent der Patienten kommen hier nicht lebend heraus." Die Schwestern, Pfleger und Ärzte sind fix und fertig. Ein normales soziales Umfeld zu erhalten sei nicht möglich, und jeder von ihnen hat eine eigene Kompensations-Technik entwickelt, um den Job irgendwie zu überstehen: beispielsweise Alkoholkonsum oder einen Extrem-Sport zu betreiben. Das musste ich erst mal verdauen.

Der nächste Schlag kommt gleich hinterher. Keine drei Tage nachdem du die Chemo hinter dir hast, beginnen sie mit der kompletten HIV-Medikation. Wie soll dein Magen, dein ganzer Organismus das aushalten? Du müsstest dich erst mal ein bisschen erholen können!

Ich kann nichts tun. Die Ärztin, mit der ich zu reden versuchte, meinte nur: „Sie wollen doch wohl keine Grundsatz-Diskussion mit mir anfangen, oder?" Nein, das will bzw. kann ich nicht. Dazu fehlt mir nun wirklich die Kraft.

26. Feb.

Du bist nach wie vor sehr unruhig und schwitzt sehr, so dass du meist unter einer Kühldecke liegst, deine Handgelenke sind am Bett festgebunden. Oft habe ich das Gefühl, du siehst mich flehentlich an, so als würdest du versuchen, mich zu bitten, dir zu helfen, weil du einfach nicht mehr kannst. Und ich sitze an deiner Seite wie ein Idiot, halte deine Hand, wiederhole ständig, alles wird gut, oder ich singe dir ein Liedchen vor. Wie grauenhaft! Das ist grotesk und ich empfinde es als pure Folter für uns beide. Irgendwann habe ich mich in den Schlaf geschluchzt. Heute Morgen war ich fest entschlossen, etwas zu tun! So kann es nicht weitergehen! Ich muss dir eine Antwort entlocken. Ich schrieb drei Fragen auf, die du mir eindeutig mit einem, sei es auch noch so kleinen JA oder einem NEIN beantworten kannst. Das erste: WILLST DU WEITERMACHEN? Das zweite: SOLLEN DIE ÄRZTE DIE MASSNAHMEN BEENDEN? Auf einem weiteren Plakat stand groß in roten Lettern: ICH LIEBE DICH.

Ich hatte Glück! Einer der jungen Pfleger hatte Dienst bei dir. Er konnte mein Ansinnen gut verstehen, versprach mir zu helfen, und mir als Zeuge unterstützend beizustehen.

Mit all meiner Liebe und so eindringlich als möglich versuchte ich dir die Wichtigkeit des Moments zu vermitteln. Ich brauchte ein JA und ein NEIN.

Es hat nicht geklappt. Ich konnte nicht zu dir vordringen; du warst zu weit weg.

Frau Dr. G. kam herein. Sie holte mich aus dem Zimmer, redete auf mich ein und versuchte mich zu beruhigen. Heulend musste ich einsehen, dass es keinen Sinn hat.

Wieder einmal hörte ich, dass meine Empfindung rein subjektiv ist, und außerdem gibt es momentan keine Möglichkeit einer anderen Vorgehensweise. Du willst kämpfen, das ist deutlich an deinen Werten zu sehen, und schließlich hättest du bei deiner Verlegung selbst deine Einwilligung gegeben, dass alle notwendigen Maßnahmen ergriffen werden können. Es fällt mir schwer, das zu glauben, aber ich war ja leider nicht dabei.

Am folgenden Tag kam ich wieder voller Mut zu dir mit der festen Absicht, dir einfach nur Kraft zu geben. Meine „subjektive

Empfindung" wollte ich als solche anerkennen. *Du warst aller-dings wieder derart unruhig, hast den Kopf hin und her gewor-fen und dich in deinen Fesseln gewunden, dass es keine zwei Minuten dauerte, bis es mir wieder die „Füße wegzog".* Wenn das passiert, muss ich mich sofort hinsetzten, tief durchatmen, und ich schicke ein Stoßgebet los. Dann geht's wieder. Ich er-zähle dir ein bisschen und versuche herauszufinden, ob dir ir-gendetwas gut tut. So achtsam als möglich probiere ich immer wieder etwas aus. Momentan habe ich den Eindruck, dir ist alles zu viel, und so bin ich einfach nur da. Seit Tagen hast du einen Puls von 150. Die Dialyse konnte allerdings abgestellt werden, und die Beatmungsmaschine ist auf den untersten Level einge-stellt. Christine ist Gott sei Dank von ihrem Lehrgang zurück. Sie kommt so bald wie möglich zu dir.

27. Feb.
Heute ist der erste Tag, der den nahenden Frühling erahnen lässt. Wohl ruht die Landschaft noch unter einer dicken, weißen Schneedecke, doch die Vögel zwitschern anders und die Sonne lacht am blauen Himmel. Vielleicht geht es jetzt auch mit dir bergauf? Wir haben uns doch so auf den Frühling gefreut!
    Ich finde dich ruhig liegend. Das tut gut. Keine 10 Minuten nach meiner Ankunft ist es vorbei mit der Ruhe. Diesmal schüt-telst und windest du dich so stark, dass ich befürchte, das große Schlauchknäuel an deinem Hals reißt ab. Zum ersten Mal habe ich das Gefühl, dass dir mein Besuch nicht gut tut. 15 Minuten vor Ende der Besuchszeit gehe ich. Kann man sich hilfloser fühlen? Das ist grausam. In der Kirche vor meinem Kreuz lasse ich meinen Tränen freien Lauf.

28. Feb.

Ich bin so traurig. Muss ich dich loslassen? Alles und damit auch mein ganzes bisheriges Leben steht auf dem Prüfstand. Du bist todkrank. Der Bruch mit meiner Mutter lässt sich nicht kitten. Eine einzige große Niederlage. Muss ich mein Haus verlassen? Wo soll ich hin? Was ist mit uns?

Kann ich wenigstens noch einmal mit dir sprechen?

Am Sonntag, kurz bevor ich mich auf den Weg zu dir mache, geht es mir wieder besser. Ein weiteres Mal bin ich aus einem tiefen Loch herausgekrabbelt.

Angeregt durch zwei Filme, „Kirschblüten Hanami" und „Zeit des Ausklangs", habe ich begonnen, mich mit der Beerdigungs-Thematik zu befassen. Auch wenn du es schaffst und noch viele, viele schöne Jahre leben darfst, es kann auch sehr schnell gehen. Die beiden Filme haben mir gezeigt, dass dringender Handlungs-bedarf besteht. Es gibt so vieles zu beachten. Welches Institut entspricht uns? Wen rufe ich an? Wie ist der Ablauf? Worauf muss ich besonders achten? Wer kümmert sich um die Behörden? Tausend Fragen. Alles soll so sein, dass es dir richtig gut gefallen würde! Wenn ich vorerst nicht darauf zurückgreifen muss, umso besser!

Heute bekam ich ein kleines Geschenk. Während ich im Vorraum deines Zimmers die Schutzkleidung anzog, und schon mal zu dir reinspitzte, sah ich, dass du dich genauso bewegst wie sonst, wenn ich bei dir bin. Aber du warst ja alleine! Also lehnst du mich doch nicht ab! Gottseidank! Vielleicht ist es ja doch eher wie in einem Traum. Du kämpfst im Unterbewusstsein gegen deine Lage. Ich hoffe so sehr, dass du mir bald erzählen kannst, was du alles erlebt hast.

Dank meines heutigen Geschenkes konnte ich dir wieder deine Füße massieren, und traute mich sogar, dir ein Mantra zu sin-

gen. Beim Gehen wollte Fr. Dr. G. kurz mit mir sprechen. Sie fragte mich erwartungsvoll: „Was haben sie für einen Eindruck?" Sie und ihr Team sind nämlich sehr mit dir zufrieden. Sie erwägen, den Tubus baldigst zu entfernen. Das wäre ein großer Sieg! Halt durch Baby!

2. März

Liebster, heute war ich viel unterwegs vor meinem Besuch bei dir. Musste zur Post, Bank etc. und hierfür zweimal quer durch die Stadt. Dabei versuchte ich mir vorzustellen, wie es sei, hier zu leben. Alles erschien mir unnatürlich, schmutzig, hektisch, ungesund! Nein, wenn ich schon umziehe, dann wieder aufs Land. Plötzlich konnte ich deine große Sehnsucht nach einem kleinen Häuschen irgendwo in einem abgelegenen Tal inmitten der Natur selbst fast körperlich spüren! Vorher konnte ich deinen Wunsch gar nicht recht nachvollziehen. Bitte, werde gesund!

Bei dir war es wunderbar! Zum zweiten Mal, seit du hier bist, hast du deine Augen ganz aufgeschlagen und sie waren klar und blau! Du hast dich stark bewegt, doch weniger den Kopf hin und her geschüttelt. Zweimal hatte ich den Eindruck, dass du ganz klar mit einem leichten Nicken auf eine Äußerung reagiert hast! So eine Bewegung hast du hier zum ersten Mal gemacht. Du Kämpfer! Wie schaffst du das nur?

4. und 5. März

Sehr gespannt machte ich mich auf den Weg zu dir. Was wird mich erwarten? Bei jedem Besuch war dein Zustand und dein Aussehen ein wenig anders. Diesmal brachte ich ein bisschen Hoffnung mit, dich ohne Tubus vorzufinden.

Der erste kurze Blick beim Umziehen auf dich löste blankes Entsetzen bei mir aus. Der Schreck fuhr mir in alle Glieder. Was

war geschehen? Was haben sie mit dir gemacht? Dein Kranken-
hemd lag wie ein kleiner Lendenschutz auf deinem Körper, an-
sonsten warst du völlig nackt, schweißgebadet, blass und einge-
fallen.

Auf einer der Anzeigen las ich: 40,9 Grad Fieber. Du hast einen weiteren, wohl heftigen Infekt bekommen. Den vierten bereits. Ich entdeckte einen großen Beutel an einem der Tropf-
Halterungen. Der Anblick verhieß nichts Gutes. Bald war ein Pfleger zur Stelle. Auf meine Frage, was in dem Beutel ist, erhielt ich
die Antwort: „Die neue Chemo." Ich war schockiert! Gerade mal
5 Tage hattest du die letzte Giftbrühe überstanden. Die nächste
sollte nach 3 Wochen stattfinden, damit dein Organismus sich
wenigstens etwas erholen kann. Verzweifelt versuchte ich zu intervenieren.

Es hieß lapidar: „Seine Werte waren so gut, dass wir es wagen können. 3 Wochen, so lange können wir nicht warten."

Mir kommen sehr unschöne Gedanken in den Sinn. Gedanken
wie: dies hier ist eine lukrative Folterkammer. Eine weitere Chemo mitten hinein in einen heftigen Infekt, und das kurz nach
einer schweren unnötigen, laut Ärzten jedoch „vorsorgli-
chen" Operation, zusammen mit unzähligen anderen Medikamenten: Welcher Organismus hält das aus? Unfassbar!

Ich durfte länger bei dir bleiben. So erlebte ich die nachmit-
tägliche Medikamentengabe mit.

Der blanke Horror! Das Verbindungsstück am Hals-Vertei-
lungspunkt wurde aufgedreht, die 1. Spritze wurde reingedrückt,
dann die 2. und auch noch eine 3., das Nasenschlauch-Ventil
geöffnet, dort ebenfalls drei Spritzen reingedrückt und weitere
Nachfüllspritzen in die verschiedenen Hightech-Dauer-Medika-
menten-Geräte eingehängt. Was denken wir Menschen uns nur
aus? Ich dachte, gleich gibt dein Körper das Signal „Tilt". Mir zog

es wieder den Boden unter den Füßen weg. Wie mit einem seelenlosen Stück Fleisch wird mit dir umgegangen. In dieser Nacht war es schwer, Schlaf zu finden.

Nachtrag zum 5. März
In großer Sorge fliege ich förmlich zu dir. Dein Zustand ist unverändert schlecht. Nachdem ich fast eine Stunde deine Hand gehalten und deine Brust gestreichelt hatte, schlugst du plötzlich deine Augen auf. Da waren sie wieder, das dritte Mal in zehn Wochen, blau und klar. Sie drückten nicht wie früher so oft pure Liebe oder kindliche Freude aus, sondern Entsetzen, Schmerz, völliges Unverständnis! Was passiert hier mit mir? Warum werde ich so gequält? Du hast geweint.

Ich war schockiert. Ich holte einen Pfleger und flehte ihn an: „Bitte tun Sie etwas. Schauen sie selbst. Das ist diesmal nicht meine subjektive Empfindung. ER LEIDET!" Du bekamst recht schnell ein stärkeres Schmerzmittel; es war bereits in Vorbereitung, denn wohl schon am Vormittag war einer Schwester aufgefallen, dass du Schmerzen hast. Bald darauf bist du Gott sei Dank weggedämmert.

Ich weiß nicht mehr, wie ich an diesem Abend nach Hause gekommen bin. Zur Schwester hatte ich im Gehen gesagt, „wenn ich beim Fernsehen ein solches Bild sehe, würde ich sofort weiterzappen und versuchen, den Anblick ganz schnell zu vergessen". Auf der Intensiv-Station kann man leider nicht weiterzappen.

6. März
Gegen 10 Uhr Vormittag läutete das Telefon. Dr. W. war am anderen Ende: „In der Nacht ist eine Komplikation aufgetreten und wir können nichts mehr tun. Kommen Sie bitte. Wie lan-

ge ‚ES' dauern wird, kann man nicht sagen. 24 Stunden vielleicht, oder weniger. Wir haben ihn erst mal stabilisiert. Sie brauchen sich also nicht zu beeilen."

Es war so weit!

Ganz ruhig zog ich mich an und fuhr los. Dr. W. erklärte mir, was geschehen war. Sie hatten Blut in deiner Magensonde bemerkt und entschieden sich für eine Magenspiegelung. Die zeigte ein kleines Geschwür vorne. Dieses wäre nicht weiter schlimm. Doch an der Magen-Rückwand entdeckten sie eine Handteller große Einblutung. Dann ist dein Kreislauf zusammengebrochen. Die daraufhin verabreichten Mittel reichten nicht. Schließlich gaben sie dir 100 %. Mehr geht nicht.

Um mir in etwa vorstellen zu können, wovon er spricht, erklärte er mir, wenn wir nur einen Tropfen des Medikamentes auf den Finger bekämen, würde unser Puls sofort auf 200 hochschnellen.

Liebster!

Ich postiere mich an deinem Bett, streichle deine schöne Hand und erzähle dir wieder und wieder, wie schön es doch wohl „drüben" sei. Oder ich sitze ganz still und versuche Abschied zu nehmen.

Zweimal gehe ich kurz an die frische Luft und trinke einen Kaffee. Ich informiere deine Schwester und deinen Schwager. Gegen 20 Uhr kommen die beiden nach einer halben Weltreise mit öffentlichen Verkehrsmitteln. Sie bleiben zwei Stunden. Irene kühlt deine Stirn mit nassen Papiertüchern. Eine rührende Szene. Auch sie will in ihrer Hilflosigkeit etwas tun.

Joachim geht nervös rein und raus, ignoriert dabei die Umkleide-Pflicht (was soll das jetzt auch noch) und wirft sich in voller Straßenkleidung über dich. Er ist wütend und schimpft herum. Ich kann ihn nicht trösten. Morgen will einer von den beiden wiederkommen, einer muss bei Butch, ihrem Hund, bleiben. Sie sind dann nicht mehr gekommen. Später erzählte mir Joachim, sie waren derart geschockt, dass sie deinen Anblick nicht noch einmal ausgehalten hätten. Ehrlich gesagt ist es mir auch lieber, mit dir alleine zu sein, so ganz in Ruhe.

Beim Schichtwechsel zum Nachtdienst hatte ich Glück. Matthias, einer der jungen Pfleger, war für dich zuständig. Er bot mir an, einen bequemeren Stuhl zu bringen. Ich nahm gerne an und tauschte den harten Holzstapelstuhl gegen einen weich gepolsterten Lederstuhl mit Rollen. Zwei Kissen hatte er noch dazu gelegt und mir angeboten, ich solle mich melden, wenn ich Kaffee oder sonst was brauche. Ich bat um Wasser und um eine Zahnbürste. Die Nacht kann kommen.

Nur zweimal bin ich kurz eingenickt, ansonsten war ich hellwach und wunderte mich, wie schnell Stunde um Stunde verging.

Irgendwann begann ich dir von einem wunderschönen, riesigen Regenbogen zu erzählen. Auf der einen Seite führen kleine innenliegende Stufen hinauf. Er funkelt und leuchtet in den schönsten Farben. Oben angekommen setzt du dich hin, gleitest auf der anderen Seite des Regenbogens hinab und lässt dich in einen bunt schillernden See hineinplumpsen. Das Wasser ist wohlig warm, es duftet angenehm und trägt dich. Goldene Glitzersterne des Sonnenlichts tanzen auf den Wellen. Du wirst sanft gewiegt und badest in Farbe und Licht. Frieden, Leichtigkeit, Ruhe, Freude, Glückseligkeit umgeben dich. Wieder und wieder erzähle ich dir vom Regenbogen. Ich hoffe, das tut dir gut.

7. März

Dein Puls ist noch immer auf 175, dein Blutdruck 65 zu 28. Ich frage den Frühdienst, wie lange dein Körper das aushält und was eigentlich passiert, wenn es zu Ende geht. Der Arzt erklärt, dass sich das Kreislaufmittel langsam abbaut, der Puls dabei sinkt, und irgendwann das Herz zu schlagen aufhört.

Kurz vor 7 Uhr kann ich nicht mehr. Ich beschließe dich für einige Stunden alleine zu lassen. Vielleicht möchtest du lieber alleine sein, wenn du „hinübergehst". Die Gelegenheit muss ich dir geben.

Ich fahre in deine Wohnung, um ein wenig zu schlafen. Alle Glieder schmerzen, und ich friere bis ins Mark. Ich lasse mir ein Bad ein. Das heiße Wasser und der zarte Duft deines wunderbaren Bade-Öls tun mir sehr gut. Sorgfältig suche ich mir eine Boxershort und ein T-Shirt aus deinem Schrank aus und kuschle mich in dein Bett. An Schlaf ist nicht zu denken!

Ich nehme Abschied von unserem kleinen Rückzugsort. Weißt du noch, dein Bett war unsere Insel in einer unfreundlichen Welt. Mein Ruhe-Versuch wurde zu einem Abschieds-Ritual für Dich und unsere Insel.

Bald läute ich wieder an der Türe zur Intensiv 1. Ich darf nicht hinein. Du wirst gerade „versorgt". Also wartest du noch auf mich. Das ist sehr schön!

Erst einmal muss ich noch ca. 45 Min warten. Was tun? Unentschlossen gehe ich Richtung Parkplatz. Heute ist Sonntag und gerade Gottesdienst-Zeit. Wie oft kniete ich nach den Besuchen bei dir vor dem Kreuz in der Herz Jesu Kirche, um zu weinen, zu schimpfen, zu danken oder alles zusammen.

Nach all dem Erlebten, nach all dem Leid trotz Bitten und Flehen wäre es nicht schwer, vom Glauben abzufallen. Es wäre auch nicht schwer aufzugeben, zu sagen, ich kann und ich will

nicht mehr. Wo ist der Sinn? Und doch hat Gott mir immer wei-
tergeholfen. Ich betrete die Kirche. Der Gottesdienst hat gerade
begonnen. Es ist wohl ein ganz besonderer. Viele Gemeindemit-
glieder, Alt und Jung wirken mit. Jeder einzelne gibt persön-
liches Zeugnis, wie und wo er Gott in seinem Leben erfahren hat.
Bei einigen der Aussagen fühle ich mich angesprochen, sie tref-
fen mitten in mein Herz.

Dankeschön!

Gestärkt komme ich zurück zu dir. Dein Puls ist wesentlich
niedriger, der Blutdruck ist unverändert. Deine Herz-Linie ist
ganz flach. Ich versuche zu erfühlen, was für dich wohl jetzt am
besten ist, und fahre fort, dir von Lichtkugeln, Frieden und dem
Regenbogen zu erzählen, und davon, wie sehr ich dich liebe, du
mein großer Lehrmeister.

Ich berühre deine Brust, deine Stirn, deine linke Hand. Kannst
du mich noch irgendwie wahrnehmen? Ich wechsle die Seite und
streichle deine rechte Hand. Augenblicklich hüpft die Herz-Linie
steil nach oben. Dieses Phänomen zeigt sich immer noch. Immer
wenn ich deine rechte Hand nicht nur halte, sondern die Innen-
fläche zart streichle, hüpft die Kurve wild auf und ab. Danke!

Gegen 19 Uhr übermannt mich der Hunger. Selbst jetzt in ei-
ner solchen Situation habe ich Hunger. Das darf doch nicht wahr
sein! Auch bin ich furchtbar müde und fühle mich ziemlich am
Ende. Ich sage dir, dass ich kurz gehe, um etwas zu essen. Um die
Ecke ist ein Gasthaus. Ungeschminkt, unfrisiert, total verweint
bestelle ich einen großen Salat und ein leichtes Weizenbier. Nie
im Leben wäre ich früher so unter die Leute gegangen. Du ver-
änderst meinen Blickwinkel. Die Prioritäten verschieben sich!

Während des Essens beschließe ich, dass ich höchstens noch zwei Stunden bleiben kann. Dann muss ich einfach versuchen zu schlafen. Ich muss schmunzeln. Weißt du, immer habe ich mich bei dir beschwert, dass du mich überforderst. Jetzt schaffst du das sogar noch im Sterben. Du bist unglaublich! Ich liebe dich! Bald bin ich zurück. Eine Schwester schaut grade nach dir. Sie sagt: „Es ist so schön und wichtig, dass Sie jetzt für ihn da sind." Na prima. Liebster, natürlich bleibe ich bei dir. Wie könnte ich jetzt fortgehen? Ich lasse dich nicht allein. Weißt du noch, was du immer gesagt hast? Wir müssen uns versprechen, uns von überall zurückzuholen, falls einer einmal fortlaufen sollte. Ich habe dir geantwortet: „Ich hole dich auch vom Nordpol ab." Und weißt du was? Seit du hier liegst, bin ich über 7000 km durch Eis und Schnee zu dir gefahren. Weiter ist's zum Nordpol auch nicht!

Kurz vor 21 Uhr zeigt sich eine Veränderung auf dem Monitor. Der Blutdruck und der Puls sinken rapide ab.

Ich glaube, jetzt hast du es bald geschafft!

Der Monitor piepst so seltsam, doch keiner schaut nach dir. Ich halte einfach nur deine Hand und versuche dir Mut zu machen. Um 21 Uhr 30 sehe ich jemanden in der Tür stehen. Christine kommt herein. Sie geht an deine rechte Seite, ich stehe auf der linken. Plötzlich steht der Arzt neben mir und ein Pfleger stürmt herein. Hektisch blickt er von Gerät zu Gerät, zieht heftig den Anschluss aus der Beatmungsmaschine, drückt unsanft auf mehrere Schalter. Ich bleibe ganz ruhig und bin dir ganz nah. Du atmest noch einmal, dann nicht mehr. Ich nehme dein Gesicht in meine Hände und frage den Arzt: „Ist er jetzt tot?" „So ist es", antwortet er.

Ich frage ihn, ob ich deine Augen schließen darf. Er meint, das sei gar nicht so einfach. Ich versuche zärtlich und doch kräftig genug deine Lider zu schließen. Was für ein Augenblick! Kurz bleiben wir noch bei dir stehen, dann will ich nur noch raus hier. Warum habe ich den pietätlosen Pfleger nicht rausgeschmissen?

Schon im Gang stelle ich fest, dass deine persönlichen Sachen noch auf dem Fensterbrett stehen. Die will ich auf keinen Fall in deren Hände geben und noch einmal wiederkommen möchte ich erst recht nicht! Rasch gehen Christine und ich noch einmal zurück, um deinen Bubbel-Bär und das Engelchen zu holen. Das ist zu viel! Ich habe das Gefühl zusammenzubrechen und laufe schluchzend so schnell ich kann hinaus.

Christine bietet mir an, mich zu fahren. Sie war das ganze Wochenende in München gewesen und hatte nach ihrer Rückkehr vergeblich versucht, mich zu erreichen. Plötzlich wusste sie, sie muss sofort kommen. So hat sie dir in deinen letzten sechs Minuten beigestanden.

Ich lehne ihr Angebot ab und verspreche vorsichtig nur bis in deine Wohnung zu fahren. Wie ferngesteuert starte ich. An „deiner" Ausfahrt fahre ich vorbei. Unmöglich, die Nacht in deiner Wohnung zu verbringen. Ich habe mich dort bereits verabschiedet. Jetzt muss ich nach Hause.

Gedanken:

Wie weit haben wir uns in unserem Glauben an Fortschritt, Wachstum und die Machbarkeit von eigentlich Unmöglichem durch unsere technischen Errungenschaften von unserer Natur, von der Menschlichkeit entfernt! Mit all der Technik und Chemie ist aus Heilkunst ein auf Symptome bezogenes, lukratives Geschäft geworden. Mittlerweile unbezahlbar!

Die Gewinne der Pharma-Industrie sind astronomisch. Wie oft bleibt jemand durch die Konzentration auf die Symptom-Behandlung ein erwünschter Dauer-Patient in Arztpraxen und benötigt unter Umständen lebenslang ihre Medikamente. Diese bleiben jedoch auf Dauer nicht ohne Nebenwirkungen. So braucht der Patient zusätzliche Pillen und vielleicht noch einen weiteren Facharzt. Auch dass in Deutschland viel zu schnell und oft unnötig, ja kontraproduktiv operiert wird, ist kein Geheimnis mehr. Dabei sterben sehr viele Menschen an einer Infektion durch einen Krankenhauskeim.

Vielleichte sollten wir uns wieder auf den Eid des Hippokrates besinnen, in dem es unter anderem heißt: *Ich will die Verordnungen zum Nutzen und Frommen der Kranken treffen und sie vor Schaden bewahren. Rein und heilig werde ich meine Kunst halten.*

Dazu ein Zitat von Dr. Gerson:[7]

„Die Medizin hat die Ganzheit der natürlichen biologischen Gesetze im menschlichen Körper beseitigt, vor allem indem sie Forschung und Praxis in viele Fachgebiete gespalten hat. Während intensiv, meisterhaft spezialisierte Arbeit geleistet wird, vergisst man, dass jeder Teil nur ein Stück des gesamten Körpers ist. Die Symptome einer Krankheit sind zum Hauptproblem der Forschung, der klinischen Arbeit und der Therapie geworden. Die alten Methoden, die sich bemühen, alle funktionellen Teile des Körpers zu einer biologischen Einheit zu verbinden, wurden beiseitegeschoben."

Es geht hier nicht darum, die gesamte moderne Medizin und die Ärzteschaft zu verurteilen! Ich weiß, dass die meisten Ärzte ihre Arbeit als Berufung sehen, tagtäglich ihr Bestes und mehr geben und den Patienten helfen wollen. Es geht schlichtweg um einen Paradigmenwechsel, den vermutlich die Mehrheit der Ärzte befürworten kann, da unser Gesundheitssystem an seine Grenzen gestoßen ist. Nicht Rückschritt, sondern Umkehr führt zu einem wahren Fortschritt und ist deshalb die Lösung. Es gibt neue Konzepte, die teilweise bereits verwirklicht werden: Ein Miteinander bei interdisziplinären Behandlungsplänen und ganzheitlichen Therapien mit schulmedizinischen Maßnahmen.

Die Gier der Lobbyisten muss nachhaltig gestoppt werden. Es gilt, mit ethischen Grundsätzen altes Wissen mit Hilfe unserer modernen Technik und ihren Möglichkeiten neu aufzubereiten und zu nutzen.

Vielleicht können wir unser Bild von Krankheit und Gesundheit neu malen. Krankheit ist ein Signal unseres Körpers, der über ein enormes Kompensationsvermögen verfügt. Allzu oft ignorieren wir die Warnzeichen nach dem Motto: Hilfe, ich funktioniere nicht mehr! Schnell ein paar Pillen einwerfen und weiter geht's. Wir wissen heute, wie wesentlich der Einfluss der Psyche beim Entstehen von Krankheiten ist. Gerade bei schweren Erkrankungen liegt die Ursache häufig in mangelnder Selbstliebe, Selbstakzeptanz und in unverarbeiteten Traumata. Ein interessanter sprachlicher Zusammenhang weist darauf hin, dass Krankheit von Kränkung kommt. Unsere Krankheiten sind im Grunde Projekte, durch die wir die

Möglichkeit haben, etwas Wesentliches für unser Leben zu lernen und zu erfahren. Die Seele schickt einen Hilferuf: Halt an! Lebst du dein Leben oder lässt du dich leben? Bist du frei oder lässt du zu, dass unbewusste Prägungen dich manipulieren? Ich kann nicht gesund bleiben, wenn ich immer nur funktioniere und mich einer menschenfeindlichen Lebensweise unterwerfe.

Wir als Patienten müssen selbst die Verantwortung für unser Leben übernehmen in Achtsamkeit für die wirklichen Bedürfnisse unseres Körpers, unseres Geistes und unserer Seele. Und wir können unsere Macht als Konsumenten nutzen, können uns informieren und müssen nicht zu allem, was uns verordnet wird, „Ja und Amen" sagen.

Auch wenn wir selbst nicht mehr in der Lage sind, unseren Willen zu äußern, sind wir nicht machtlos, wenn wir rechtzeitig die uns gegebenen Möglichkeiten nutzen. Klaus und ich haben das leider versäumt. Ich musste leidvoll erfahren, was es heißt, sich ausgeliefert und völlig hilflos zu fühlen.

Ich möchte an alle appellieren, rechtzeitig, bei vollem Bewusstsein eine Versorgungs-Vollmacht und eine Patienten-Verfügung zu erstellen und sich mit dem Thema Krankheit und Tod zu befassen. Was kann geschehen, wenn ich oder ein geliebter Angehöriger auf eine Intensiv-Station kommt? Was ist ein Hospiz? Was ist eine Palliativ-Station? Was ist palliativ-care zu Hause?

Der Tod gehört zu unser aller Leben. Sich damit auseinanderzusetzen, anstatt das Thema zu verdrängen und wegzuschieben, kann helfen, die Angst davor zu überwinden. Dies bedeutet: den Tod und das Sterben zu enttabuisieren, natürlich damit umzugehen, zu wissen, was im Falle eines Falles zu tun ist und sich dann wieder mit einem guten Gefühl beruhigt, achtsam, selbstverantwortlich und voller Freude dem Leben zuzuwenden.

22. Das Leben muss weitergehen

Vollkommen erschöpft schlief ich ein. Am nächsten Tag legte eine Migräne mich lahm. Am übernächsten Tag schaffte ich es wieder in den Wald. Ich fühlte mich wie innerlich wund. Ja, wie schwer verwundet. Ich weinte und weinte. Gottseidank konnte ich es. Tränen sind schließlich ein gutes „Lösungsmittel". Sie spülen etwas aus uns hinaus und helfen uns so, Trauer zu verarbeiten. Manchmal braucht es eben viele Tränen.

Wie immer gaben Natur und Gebet mir wieder neue Kraft. Es gab viel zu tun. Ich informierte unsere Freunde. Angelika bot mir an, mich nach Nürnberg zu fahren, um bei einem Beerdigungsunternehmen die Beisetzung zu planen. Papierkram war zu erledigen, ich musste mich um die Wohnung kümmern und mich mit Schwester und Schwager von Klaus auseinandersetzen. Beide waren selbst schwer krank und mir von daher dankbar, dass ich alles in die Hand nahm.

Eine Woche nach seinem Tod hieß es offiziell Abschied nehmen. Der Gedanke, dass ein wildfremder Mensch Klaus verabschieden sollte, erschien mir unmöglich. Für mich war nur mein Mentor, der uns beide gut kannte, in Frage gekommen, der sich aber auf einer Auslandsreise befand.

Nun hatte ich eine Kirche gemietet. Dies war möglich, obwohl kein Geistlicher anwesend war.

Die letzten Tage hatte ich sehr gut funktioniert. Nun, da alles erledigt war, konnte ich nicht mehr. Schluchzend und am ganzen Leib zitternd schaffte ich es irgendwie, die Trauergäste zu begrüßen und einen von Klaus' Lieblingstexten vorzulesen. Ich hatte Freunde und Verwandte um Hilfe gebeten; jeder hielt eine kleine Rede und erzählte etwas aus dem Leben von Klaus oder las einen Text vor. „Das Handbuch des Kriegers des Lichts" durfte da nicht fehlen. Ich selbst hatte wunderschöne Musikstücke ausgesucht: Wim Mertens magische Piano Klänge und einen unserer Sehnsuchtssongs von der Band „Kean". Meine Schwester sprach zum Abschluss das Vaterunser. Dafür bin ich ihr sehr dankbar. Ich hätte es nicht mehr geschafft.

Der Sarg war schlicht geschmückt. Mit roten Rosen. Klaus hatte mir jeden Monat eine langstielige rote Rose geschenkt. In der Mitte wachte tapfer „Bubbel-Bär", das kleine Maskottchen, das Klaus so lange treu begleitet hatte. Zum Abschluss der Zeremonie stellte jeder ein leuchtendes Teelicht auf den Sarg. Wir bildeten einen Kreis um den Sarg und hielten uns an den Händen. Dazu spielte Musik von Xavier Naidoo: „Also schließt sich der Kreis".

Ich zitterte so sehr, dass ich kaum laufen oder sprechen konnte.

Bei der Verabschiedung sah ich mich drei Menschen gegenüber, die ich nicht einordnen konnte. Ein älterer Herr, ein junges Mädchen und ein junger Mann. Die Ähnlichkeit des Jungen mit Klaus war offensichtlich. Wie sich herausstellte, war es sein unehelicher Sohn, den ich hier Max nenne. Er hatte in der Nürnberger Zeitung die Todesanzeige gelesen und seinen Großvater und seine Freundin gebeten, ihn zu begleiten.

In der letzten Zeit war in Max der Wunsch gewachsen, seinen Vater kennenzulernen. Er sah sich noch nicht in der Lage, ihn zu kontaktierten, begab sich jedoch auf die Suche nach ihm und fand seine Adresse heraus. So stand er in den vergangenen Monaten häufig vor dem Haus und schaute hoch zum Balkon, in der Hoffnung, ihn dort eines Tages zu sehen!

Hätten wir doch nur davon gewusst.

Immer wieder hatte ich mit Klaus über seinen Sohn geredet. Auch dies war ein sehr trauriges Kapitel in seinem Leben. Wenn ich ihn ermunterte, Kontakt mit Max aufzunehmen, erwiderte er: „Nicht in meiner augenblicklichen Lebenssituation. Erst komme ich wieder ganz auf die Füße, dann melde ich mich. Mein Sohn soll stolz auf mich sein können." Klaus war sich so sicher, dass er es schaffen würde.

Max war sehr traurig, und ich hatte tiefes Mitgefühl für ihn. Wenigstens hatte er durch die Reden, die Musik und die anderen Beiträge eine kleine Ahnung davon bekommen, wer sein Vater gewesen war. Wir umarmten uns herzlich und ich lud ihn ein, mich jederzeit zu besuchen. Ich würde ihm gerne, soweit es mir möglich ist, alle Fragen über seinen Vater beantworten, und ich versprach ihm, eine Kiste mit persönlichen Sachen von Klaus vorbei zu bringen.

Nach der Trauerfeier gab es viel zu tun: Administratives und Praktisches. Das Auflösen der Wohnung stellte eine große Herausforderung dar. Was sollte ich behalten, was sollte Max bekommen? Seine Schwester und seine Freunde konnten sich ein Andenken aussuchen. Am schlimmsten war es, den Rest zur Entsorgung frei zu geben. Es war endgültig. Unser kleines Refugium aufzulösen war unendlich traurig. Ich erledigte alles, Schritt für Schritt und wirkte nach außen meist sehr gefasst. Wenn die Trauer zuschlug, ging allerdings nichts mehr. Ich war vollkommen von ihr überwältigt. Mit ihr einher ging der Wunsch, Klaus in den Tod zu folgen. Wieder kämpfte ich einen Kampf.

Und wieder erhielt ich Hilfe. Diesmal gleich im Doppelpack innerhalb einer Woche.

An einem sonnigen Morgen lief ich meine gewohnte Runde durch den noch tief verschneiten Wald. Die Bäume bogen sich unter ihrer schweren Last. In diesem Winter hatte es so viel geschneit wie seit Jahren nicht mehr. Das ganze Land lag unter einer dicken Schneedecke. Als wolle die strahlend weiße Decke aus glitzernden Schneeflocken all das Dunkle in unserer Welt zudecken.

Ich stapfte betend durch den Schnee. Plötzlich hielt ich inne. Ein Gefühl, das ich nicht beschreiben kann, durchschauerte mich. Mir war, als sagte eine innere Stimme klar und deutlich: „Heute hast du ein neues Leben geschenkt bekommen." Tiefe Ruhe und große Dankbarkeit breiteten sich in mir aus. Diesmal flossen Tränen der Ergriffenheit, im Gewahrsein eines ganz besonderen Moments in meinem Leben. Noch heute ist dieser Moment klar und präsent.

Es dauerte allerdings noch eine ganze Weile, bis ich dieses neue Leben wirklich annehmen konnte. Dass ich es konnte, dazu trug auch das zweite Geschenk dieser Woche bei. Am nächsten Tag erhielt ich einen Anruf von Bine, eine meiner langjährigen Yoginis. Seit Kindesbeinen ist sie sehr feinfühlig und besitzt Gaben, die nicht allen Menschen zugänglich sind. „Ich habe etwas für Dich. Eine Botschaft von Klaus." Wir trafen uns am Nachmittag. Sie übergab mir einen Umschlag. „Gestern Nacht konnte ich nicht schlafen und ging in die Küche, um etwas zu trinken. Plötzlich stand Klaus neben mir und begann auf mich einzureden. Ich war so perplex, jedoch mit einem mal auch ganz klar. Bitte langsam Klaus, ich brauche Stift und Papier, um alles aufzuschreiben. Hier ist nun seine Nachricht." Mit zittrigen Fingern öffnete ich den Umschlag. Wieder liefen mir die Tränen übers Gesicht. Den genauen Wortlaut möchte ich nicht veröffentlichen, denn er ist und bleibt ein ganz persönlicher Schatz. Soviel sei jedoch verraten: Die Zeilen bargen eine große Beruhigung und Erleichterung für mich. Ich weiß nun, es geht ihm gut und wir haben alles richtig gemacht.

23. Briefe an Klaus

Das Briefeschreiben an Klaus hatte mir während seiner Zeit in der Klinik sehr gut getan. Ich beschloss einfach damit weiterzumachen. Damit konnte ich die Illusion, er sei noch bei mir, ein wenig aufrechterhalten. Mir war klar, dass ich eines Tages ganz loslassen muss – doch jetzt noch nicht. Es war einfach zu früh.

Der Test
März 2010

Liebster,

ich habe einen Test gemacht. Du weißt, als wir zusammen waren, haben wir beide dieses Thema vermieden. Obwohl mein Bauchgefühl mir sagte, dass die Wahrheit über den sogenannten Aidsvirus eine andere ist, war mir klar, dass ein HIV-positiv unsere Beziehung zusätzlich belasten würde.

Als Du ins Krankenhaus eingeliefert wurdest, ließ meine kleine Schwester mir keine Ruhe mehr: „Du musst jetzt einen Test machen. Alles andere ist absolut verantwortungslos und gefährlich." Sie hat sich in der Klinik so liebevoll um Dich gekümmert und ich konnte sie mit ihrer schulmedizinischen Ausbildung und Einstellung ja auch verstehen. Also willigte ich schließlich ein und machte einen Termin bei meinem Hausarzt. Das Ergebnis ließ auf sich warten. Woche um Woche fragte ich nach. Es dauert noch. Was eigentlich dauert da so lange?

Eine Woche vor Deinem Tod war es dann soweit. Dr. Z. rief mich an. Ich saß ihm an seinem Schreibtisch gegenüber und frag-

te voller Erwartung: „Und?" „Positiv", sagte er. „Gott sei Dank!",
kam es aus mir heraus, doch er korrigierte mich: „Nein, der Test
ist positiv. Was hast du denn erwartet?" Allerdings war das Er-
gebnis unklar und ein weiterer Test angeraten. Und das nach so
vielen Wochen. Er riet mir: „Mach keinen Test mehr. Geh weg
von hier und zwar soweit du kannst und beginne dort ein neues
Leben." Ich konnte mit seinem Rat nicht wirklich etwas anfan-
gen. Es war mein letzter Besuch bei ihm.

Wie ein geprügelter Hund verließ ich die Praxis. Ich hatte
Gott so sehr gebeten, diesen Kelch an mir vorüber gehen zu las-
sen und mir nicht auch noch diese Bürde aufzuerlegen. Zu schön
wäre es gewesen, alle beruhigen zu können und dich rehabili-
tiert zu sehen.

Meine Schwester und ihre Mutter reagierten sehr besorgt
und rieten mir dringend, eine Schwerpunkt-Praxis aufzusuchen.
Wir beschlossen, meinem Vater nichts zu sagen. Er hatte vor
kurzem einen Schlaganfall erlitten und es ging ihm nicht gut.
Sein Sohn wurde wütend und versprach: „Wenn dieser Kerl aus
dem Krankenhaus kommt, zeige ich ihn an."

Unsere Freunde nahmen die Nachricht betroffen und doch
gelassen auf. Irgendwie glaubten sie alle an die andere Meinung,
denn ich wurde und werde nach wie vor herzlich umarmt und
keiner hat Berührungsängste. Das tut gut. Mit meiner Schwester
und ihrer Mutter führte ich Gespräche, brachte ihnen Bücher
und eine DVD: „House of numbers"[8] Dieser Film wurde mehrfach
preisgekrönt. Doch in den Kinos wird er nicht gezeigt. Ein junger
Journalist reist um die halbe Welt, um Ärzte, Wissenschaftler,
Betroffene, Krankenschwestern und Labor-Angestellte zu inter-
viewen. Er bekam sogar Dr. Gallo und Dr. Montagnier, die „Ent-
decker" des Aids-Virus, persönlich vor die Kamera. Er lässt die
erhaltenen Statements für sich wirken, ohne sie in irgendeiner

Weise zu kommentieren. Jeder kann sich so seine Meinung bilden. Meine Schwester und ihre Mutter blieben bei ihrer Anschauung, doch sie akzeptieren meine Entscheidung, einen anderen Weg zu gehen und stehen zu mir.

Meiner Mutter und ihrem Mann habe ich natürlich nichts davon erzählt. Wir sehen uns selten und reden nur das nötigste. Hannes habe ich ab und zu getroffen, wenn wir zufällig beide im Garten arbeiteten. Er fragte immer wie es mir und auch wie es Dir geht. So erfuhr er auch, dass Du gestorben bist. Immerhin drückte er kurz sein Bedauern aus. Ich glaube, ihm tut es leid, wie alles gelaufen ist, doch er zog es vor, sich nicht mit meiner Mutter auseinanderzusetzen. Wer sie zum Feind hat, muss sich warm anziehen! Ich weiß, was sie Dir gewünscht hat und kann mir vorstellen, dass sie nun eine gewisse Genugtuung empfindet. Von ihr kommt nichts. Nach wie vor verweigert sie Kommunikation und sie hat sich entschlossen so zu tun, als hätte es Dich nie gegeben.

Bis bald, in Liebe

Sommer 2010
Liebster Klaus,

heute ist Dein Geburtstag. Wie soll ich diesen Tag überstehen? Für Dich waren Geburtstage etwas ganz besonderes. Ich konnte nur zwei mit Dir verbringen. Über ein persönliches Geschenk konntest Du Dich freuen wie ein Kind. Und wie viel Freude machte es Dir, andere zu überraschen. Weißt Du noch, letztes Jahr sind wir nach Bamberg gefahren. Wir aßen in einem Deiner Lieblingslokale. Nach dem Essen hast Du Dich dort an den Flügel gesetzt und für alle wunderschön gespielt.

Ich glaube es wird mir helfen, Dir zu schreiben. Schließlich gibt es einiges zu erzählen.

Ich habe Ursula kennengelernt. Du hast sie mir quasi „vererbt". Du hattest mir von ihr erzählt, und so wusste ich, dass sie sich für Spiritualität interessiert und oftmals Bücher von Dir ausgeliehen hatte. Ihre Telefonnummer fand ich in Deinem Adressbuch. Als es galt Deine Wohnung auszuräumen, rief ich sie an und fragte, ob sie eventuell Interesse an Büchern und CDs hat. Wir vereinbarten ein Treffen. Als sie vor der Tür stand, sahen wir uns an, umarmten uns herzlich und hatten beide das Gefühl, uns schon ewig zu kennen. Unsere Verbindung fühlt sich nicht an wie Freundschaft, wir fühlen uns eher wie Schwestern. Da Du als der Sternenbote in mein Leben kamst, sind wir nun „Sternenschwestern".

Sie ist Maklerin. Wie Du weißt, glaube ich nicht an Zufälle. Mittlerweile habe ich mich entschieden, aus Bayreuth fortzugehen. Ich halte es dort einfach nicht mehr aus. Die Energie fühlt sich „tonnenschwer" an. Ich bin mir noch nicht ganz sicher, ob ich das Haus verkaufen oder vermieten soll. Egal, wofür ich mich letztlich entscheide, Ursula wird mir helfen.

Ich habe noch keine Ahnung, wie mein Leben weitergehen soll, doch ich versuche zu vertrauen und einfach weiterzugehen, Schritt für Schritt. Gott schickt mir immer wieder Hilfe. Paul Imhof, mein Mentor, gehört auch dazu. Da es mir echt schlecht ging, riet er mir zu einer Aufstellung. „Der Virus" und meine Todessehnsucht sollten das Thema sein. Ich hatte noch nie erlebt, dass er bei einer Aufstellung in ein Geschehen eingreift. Nun, diesmal tat er es. Ich lag am Boden, dicht an den Tod geschmiegt. Die Todessehnsucht und der Virus saßen siegessicher neben mir. Ich wollte nicht mehr aufstehen, hatte keine Kraft mehr. Endlich Ruhe zu haben war verlockend. Ich wollte diesen Kampf, als den ich mein bisheriges Leben empfunden hatte, hinter mir lassen. „Überleg dir nun gut, was du tust. Du hast die Wahl. Gib dich nicht auf." Paul hatte gesprochen. Diese wenigen Worte erinnerten mich an den Titel deines Buches: „Gib Dich niemals auf". Mit großer Anstrengung gelang es mir, mich aufzusetzen. Dann erinnerte ich mich an den magischen Moment im Wald in der Woche nach der Trauerfeier: Ich habe das Versprechen eines neuen Lebens. Nun schaffte ich es ganz aufzustehen, war zwar wacklig, doch ich stand und sah auf den Tod hinab. Nun legten sich Todessehnsucht und Virus zu dem Tod auf den Boden. Ich schaute zu Paul und in die Runde. Mit den Worten „Ich geh jetzt einfach raus hier" verließ ich das Energiefeld und ging nach draußen. Ich fühlte mich wie nach einem Marathon.

Oh Liebster! Was hat Gott noch vor mit mir? Und wo bist Du jetzt? Ich wüsste so gerne, wie es dort drüben aussieht, wie es Dir geht, wie es sich anfühlt.

Sept. 2010
Liebster Klaus,
der erste Sommer ohne Dich neigt sich dem Ende zu. Ich fasse es nicht, wie schnell die Zeit vergeht.

In dieser Woche galt es die Wiese zu mähen. Hannes bot mir an, dies mit seinem Aufsitzmäher zu erledigen, was ein „Klacks" für ihn wäre. Ich kann und will aber keine Hilfe von meiner Mutter und ihm annehmen. Nach all dem, was sie uns angetan haben, ist das für mich unmöglich. Lieber rackere ich bis zum Umfallen. Ich habe mir eine Sense ausgeliehen, bekam eine kurze Einweisung und los ging's. Hab mich gar nicht so dumm angestellt! Es hat sogar Spaß gemacht. Das Gemähte wegzufahren war allerdings eine aufwendige Aktion. Es mag vielleicht eine Trotz-Aktion gewesen sein, doch egal, es ging nicht anders für mich und so fuhr ich Schubkarre für Schubkarre den ganzen Weg über die Bundesstraße bergauf bis zum Bauern, der das

Gras als Futter für seine Rinder gut gebrauchen konnte. Es dauerte den ganzen Tag. Jetzt bin ich stolz, dass ich es alleine durchgezogen habe. Stolz! Zum ersten Mal in meinem Leben empfinde ich so etwas. Ich bin stolz darauf, was ich geschafft habe. Du hast mein Selbstvertrauen überhaupt erst aufgebaut mit Deiner Liebe. Immer wieder hast Du mir Mut gemacht und mir gezeigt, dass ich nicht an mir zweifeln muss, dass ich ein wertvoller Mensch bin. Und weißt Du was, seit ich diesen HIV-Positiv-Befund habe, ist mein Selbstvertrauen noch gewachsen! Ist das nicht verrückt?

Dazu muss ich Dir noch etwas erzählen. Ich habe inzwischen einen weiteren Test machen lassen. Nach dem ersten Schreck habe ich Kontakt mit einigen Deiner Helden aufgenommen. Prof. Duisberg in Berkley habe ich eine Mail geschickt und mit den Autoren des Buches „Der Viruswahn"[12] und mit Frau Prof. H. telefoniert. Sie alle haben mir viel Mut gemacht. Die Professorin erzählte mir, dass sie selbst HIV-positiv gewesen sei. Nachdem ihre Malaria-Erkrankung geheilt war, wurde sie HIV-negativ. Das ist nun zwanzig Jahre her, und sie erfreut sich nach wie vor bester Gesundheit.

Dr. Köhnlein bot mir an, dass ich jederzeit zum Testen und Durchchecken zu ihm in die Sprechstunde kommen könne. Das werde ich in Zukunft auch tun, obwohl er im hohen Norden lebt, denn meine letzte Erfahrung hier war nicht sehr angenehm.

Nachdem ich mich bereits im Frühsommer körperlich so viel besser fühlte, wollte ich es einfach noch einmal versuchen. Es gibt zahlreiche Fälle von Menschen mit wechselnden Testergebnissen. Bei der Aids-Hilfe in Nürnberg besteht die Möglichkeit, einmal im Monat einen anonymen Schnelltest machen zu lassen. Ich bin dorthin, nachdem die junge Dame, die auch für Dich zuständig war, mir nach Deinem Tod unglaublich geholfen hat. Sie *hat mich in administrativen Angelegenheiten unterstützt, denn ich war mit den vielen Formularen total überfordert. Sie empfing mich freundlich wie immer und brachte mich zum zuständigen Arzt. Es war ein sehr junger Mann, der mich mit düsterem Blick begrüßte. Er pikste wie bei einem Zuckertest in eine Fingerkuppe. „In zehn Minuten haben sie das Ergebnis." Das geht jetzt aber schnell! Und was soll ich Dir sagen? Es war wieder positiv. Er begann dann auf mich einzureden: mein Verhalten sei unverantwortlich, ich sei eine Gefahr für mich und für andere, und wenn ich nicht unverzüglich mit der Medikation begönne, würde ich qualvoll sterben.*

Da braucht es schon eine Portion Selbstvertrauen, um sich nicht „ins Bockshorn jagen" zu lassen. Wie war das mit dem „Diagnose-Schock" z. B. bei Krebspatienten?

So, jetzt gönne ich mir erst mal ein schönes Weizenbier und lege die Beine hoch.

Bis bald

Okt. 2010

Mein Lieber,

ich war bei Dr. Köhnlein! Wir haben telefoniert und er meinte, ich solle mich untersuchen lassen, um Klarheit über meinen Gesundheitszustand zu bekommen. Die lange Zugfahrt bis nach Kiel lohnt sich. Was für ein sympathischer Mensch! Er hat sich einen Mittwoch-Nachmittag extra Zeit für mich genommen und mich gründlich durchgecheckt: mit Ultraschall, großem Blutbild, Lunge röntgen, eben das ganze Programm. Die Ergebnisse haben wir bereits besprochen. „Ihre Werte sind top. Alles in bester Ordnung. Das HIV-positiv werden Sie sicher behalten. Wie sie wissen, misst der Test auch Antikörper und diese bleiben nun mal im Blut. Ist ja auch gut so von der Natur eingerichtet. Sie sind kerngesund. Vergessen sie den Test." Er machte mir sehr viel Mut. Doch selbst wenn ich fest daran glaube, dass der Virus mir mit einem guten Immunsystem rein gar nichts anhaben kann, sitzt da im Unterbewusstsein ein kleines Männchen, das mir, sobald irgendein Symptom auftritt, das ich nicht einordnen kann, ins Ohr flüstert: „Na, bist du vielleicht doch nicht so gesund?" Sein Verbündeter ist die Angst. Beide zusammen ein übles Team. Ich bin froh, dass ich mich zu Dr. Köhnlein auf den Weg gemacht habe. Er bot mir an, dass ich ihn jederzeit anrufen kann.

Was ich mit dem Haus machen soll, weiß ich noch nicht. Schließlich bieten Grund und Boden eine gewisse Sicherheit gerade in der heutigen Zeit mit ihren Finanzkrisen. Das Haus zu vermieten ist allerdings auch nicht so einfach. Ursula rät mir zum Verkauf. Sie will demnächst bei Sonnenschein und blauem Himmel Fotos für ein Exposé machen. Egal, wie ich mich später entscheide, gute Fotos bekommt man nicht im grauen Winter, sagt sie. Das macht schon Sinn, oder?

Ich vermisse Dich,

in Liebe, Deine Gabriele

Frühjahr 2011

Liebster,

nun ist auch der Winter ohne Dich geschafft und all die schlimmen Jahrestage liegen hinter mir: deine Schmerznächte, die Einlieferung ins Krankenhaus, dein Todestag. An diesen Tagen ging es mir seelisch und körperlich gar nicht gut. Generell habe ich noch ziemlich oft Kopfschmerzen und die Übelkeit mit Erbrechen plagt mich auch. Manchmal denke ich: „Kein Wunder, es ist ja auch zum Kotzen." Du bist nicht mehr da, ich lebe alleine in dem großen Haus, das mit so vielen Erinnerungen gefüllt ist,

*und dann noch dieser stigmatisierende Test. Sorry! Schluss mit
jammern. Ich bin ja ein „Stehauf-Frauchen", wie Du weißt.*

*Es gibt schließlich auch Schönes zu berichten. Auf eine Anre-
gung von Angelika hin habe ich mich als Yoga-Referentin bei einem Reiseveranstalter für nachhaltiges Reisen beworben. Ich
sollte zur Yoga-Messe nach München fahren. Dort traf ich die
Personal-Chefin, und stell Dir vor, sie hat mich sofort eingestellt!
Und es geht auch schon bald los. Eine Kollegin ist ausgefallen
und ich springe für sie in der Türkei ein. Du siehst, ich igle mich
nicht ein. Ich schaue nach vorne und stelle mich neuen Herausforderungen.*

*Und noch etwas. Ich habe mich endgültig für einen Verkauf
entschieden. Ein glatter Schnitt ist sicher besser. Ich möchte das
alles hinter mir lassen. Ursula hat nun einen konkreten Auftrag.
Das Exposé ist übrigens superschön geworden. Sie ist eine be-
gnadete Fotografin.*

Von Herzen, Deine Gabriele

Sommer 2011

Liebster Klaus,

*mein Leben hat wieder ganz schön Fahrt aufgenommen. Im-
mer ist etwas los. Und das ist schön. Ich bin so wahnsinnig dankbar, dass ich meine Zeit selbst einteilen kann! Kein Dienstplan
taktet mein Leben. Das ist wirklich ein großes Geschenk. Mein
erster Einsatz als Yoga-Referentin hat mir unglaublich gut gefallen! Ich kann mich mit meiner Begabung einbringen und bin
mit netten, interessanten Menschen zusammen. Das alles an einem wunderschönen Ort mitten in der Natur. Es gibt Katzen,
Hunde, Hühner und Enten. Dir hätte es dort auch gefallen! Wenn
ich irgendwann nur noch eine kleine Wohnung habe und mich*

nicht mehr um das Grundstück kümmern muss, möchte ich die Reisetätigkeit gerne weiter ausbauen.

Hey, inzwischen weiß ich auch, dass ich nach Nürnberg ziehen werde. Plötzlich war es mir glasklar. Es ist meine und auch Deine alte Heimat. Ein Teil meiner Familie lebt dort, ich kenne mich aus und habe Bezugspunkte. Außerdem lebt Ursula dort; sie findet sicher ein neues Zuhause für mich.

Sie hat bereits mit einigen Interessenten das Haus besichtigt. Bisher war noch kein Kaufwilliger dabei. Sie sagt, bei diesem Anwesen ist es nicht so leicht. Das große Grundstück hält viele ab. Doch am meisten stört die Menschen der Geräuschpegel der nahen Autobahn. Na ja, dafür ist der Anschluss nicht weit und man hat eine gute Verkehrsanbindung. In unserer modernen Welt gibt es wenig Stille. Sie rät mir zur Geduld. „Du wirst sehen, irgendwann kommt der Richtige. Wir brauchen ja nur einen." Genau! Und schließlich habe ich keinen Zeitdruck.

Inzwischen habe ich meiner Mutter und Hannes von meinen Plänen erzählt. Sie waren nicht überrascht. Anstandshalber habe ich gefragt, ob sie das Haus kaufen wollen. Schließlich weiß ich nur zu gut, wie schrecklich der Gedanke für meine Mutter ist, den Familienbesitz in fremde Hände zu geben. Sie haben aber kein Interesse.

Da Ursula zuweilen ohne mich besichtigt, hielten wir es für angebracht, sie den beiden vorzustellen. Ich rechnete schon mit dem Schlimmsten. Doch dann geschah etwas sehr Eigenartiges. So lange ich denken kann, hat meine Mutter an meinen Freunden etwas auszusetzen gehabt. Es gab keine Ausnahme. Und nun meine Sternenschwester. Eine Person, quasi die „Vollstreckerin" einer Maßnahme, die meiner Mutter absolut zuwider ist, genau sie scheint sie zu mögen. Ich war sprachlos. Irgendetwas triggert Ursula bei ihr an. Es ist, als hätte sie direkten Zugang zu

*ihrem Herzen! Unglaublich. Dann schauen wir mal, was sich noch
tut. Ich halte Dich auf dem Laufenden, Deine Gabriele*

Eskalation & Befreiung
Herbst 2011
Liebster,

*es gibt Neuigkeiten. Bevor ich Dir schreibe muss ich noch mal
tief durchatmen. Die letzten Tage waren nicht leicht. Ich weiß,
dass meine Mutter und Hannes immer wieder mit dem Fernglas
nachschauen, was bei mir so los ist. Das haben sie angefangen,
als Du hier eingezogen bist, damit ihnen nichts entgeht. So ist es
ihnen aufgefallen, dass eine Familie das Anwesen bereits viermal
besichtigt hat. Das veranlasste sie zu der Annahme, dass ein Verkauf wohl kurz bevor steht. Sie rief mich an: „Ich muss mit dir reden. Es geht um den Verkauf. Da ist etwas, das du nicht
weißt." Um was es sich handelt, wollte sie mir allerdings am
Telefon nicht sagen. Mir wurde flau im Magen. Etwas Gutes
konnte das nicht sein.*

*Wir vereinbarten ein Treffen. Sie bestand darauf, dass Ursula
mitkommt. „Das ist besser. Du regst Dich ja immer gleich so
auf." Oh je, es scheint ja wirklich etwas Größeres zu sein.*

*Dennoch versuchte ich die Sache so gelassen als möglich an-
zugehen. Die Drama-Queen sollte draußen bleiben. Ursula un-
terstützte mich im positiven Denken; wir sprachen gemeinsam
ein Gebet mit der Bitte um Beistand und machten uns auf den
Weg.*

*Was ich dann zu hören bekam, nahm mir den Atem. Es ging
um Grenzunstimmigkeiten. Durch die Rückgabe meines Erbes
galten wieder die ursprünglichen Grenzlinien. Das bedeutet, dass
nun meine Abwasser-Klärgrube auf ihrem Grundstück liegt. Sie
würde einem Verkauf so nicht zustimmen, denn dass Fremde ihr*

Grundstück betreten müssen, um sich um die Kläranlage zu kümmern, komme nicht in Frage. *Sie verlangte von mir, eine neue Klärgrube bauen zu lassen und außerdem einen Zaun mit bestimmten Vorgaben, Höhe und Beschaffenheit betreffend, zwischen unseren Grundstücken zu errichten.* Für die neue Klärgrube wäre es erforderlich, mindestens zwanzig der fünfzig Jahre alten Fichten fällen zu lassen.

Mein Herz begann zu rasen. „Bitte entschuldigt mich." Mit diesen Worten verließ ich fluchtartig die Besprechung. Sonst hätte ich bestimmt die Beherrschung verloren. Ich konnte es nicht fassen, dass meine Mutter nach all dem, was sie uns angetan hat, und in meiner momentanen Lebenssituation mit einer solchen Forderung auf mich zukam, zumal ich ihr immer wieder die Hand gereicht hatte. Die erforderlichen Maßnahmen bedeuteten für mich einen enormen finanziellen Kraftakt. Wie verheerend es aussehen würde, wenn in einen so lange bestehenden Fichtenwald eine derart große Schneise geschlagen würde, wollte ich mir gar nicht vorstellen. Das harmonische Gesamtbild des Anwesens würde zerstört. Es war so schon schwer genug, einen Käufer zu finden.

In meiner Küche angekommen, begann ich am ganzen Körper heftig zu zittern. Ich schnappte nach Luft, klammerte mich an meine Küchentheke und bekam einen Heulkrampf. Ich weiß nicht, wie lange ich so gekauert habe. Irgendwann erschien Ursula. Sie war bei meiner Mutter geblieben und hatte weiter mit ihr gesprochen. Nun wollte sie nach mir sehen. Sie war geschockt und wusste nicht, was sie tun sollte. Sie hielt mir ein Glas Wasser hin. „Trink das!" Ich versuchte das Glas mit beiden Händen zu fassen und zum Mund zu führen. Meine Zähne klapperten so heftig aufeinander und ich zitterte so stark, dass das Wasser aus dem Glas schwappte. Ich konnte nicht trinken. Sie konnte *mich nicht beruhigen und wollte den Notarzt rufen. Plötzlich folgte sie einer Eingebung und schlug mir ins Gesicht. Das half. Offensichtlich war ich so verdutzt, dass ich einen tiefen Atemzug tat. Ich bekam meinen Atem wieder unter Kontrolle, konnte trinken, mich setzen und Notfall-Tropfen einnehmen. Langsam beruhigte ich mich.*

Meine Sternenschwester konnte meine heftige Reaktion nicht verstehen. „Was war denn so schlimm an dem Vorschlag?" Wie sollte sie auch? Sie kannte meine Mutter erst seit wenigen Wochen und kannte unsere Geschichte nicht. Für mich war diese Forderung ein weiterer Tiefschlag. Immer hatte ich mich gegen den Vorwurf meines Vaters, sie sei eiskalt, gewehrt und sie verteidigt. In den vergangenen zwei Jahren bekam ich immer wieder Gelegenheit zu spüren, dass er Recht hatte. Nun bekam ich eine weitere Bestätigung, die das Fass zum Überlaufen brachte. Es war, als bahne sich aller unbewusster, tief vergrabener Schmerz in mir, der über sie – bewusst oder unbewusst – ausgelöst wurde, seinen Weg nach draußen. Ich konnte es kaum glauben, doch ich erkannte, dass ich Angst vor meiner Mutter hatte, eine geradezu panische Angst, dass sie mich wieder und wieder verletzt und ich ihr vollkommen hilf- und machtlos ausgeliefert bin.

Nachdem Ursula gegangen war, ging ich hoch in meinen Yoga-Raum. Ich zündete eine Kerze an, setzte mich still auf mein Meditationskissen und betete. Ich fühlte mich vollkommen erschöpft. Dieser Zusammenbruch erschütterte mich bis ins Mark. Noch tagelang spürte ich die körperlichen Auswirkungen. Aber weißt Du was – diese Begebenheit hat etwas verändert. Ich glaube, sie setzt einen Meilenstein für mein weiteres Leben. Es ist, als hätte ein inneres Erdbeben etwas Verborgenes freigesetzt. Ich erfuhr Befreiung von einer alten Last. Ich wusste plötzlich, dass der Teil in mir, den meine Mutter dermaßen aus der Fassung bringen konnte, nunmehr gegangen war. Ich glaube, es war die kleine verlassene, verletzte Gabi, die ihren Kummer tief in sich vergraben hatte. Ihre große Verehrung und Liebe für die vermeintliche Lichtgestalt ließ solche Gefühle nicht zu. Niemals hätte sie ihr zum Vorwurf gemacht, dass sie sie verlassen hatte. Vielmehr empfand sie Verständnis und Bewunderung, setzte ihre Mutter auf einen Thron. So musste sie Schmerz, Angst und Wut nicht anschauen.

Nun übernimmt die erwachsene Gabriele die Führung. Klaus, mir war schlagartig klar: „Wenn ich so weitermache, gehe ich drauf." Das mag sich übertrieben anhören, doch genauso empfinde ich es. Als hätte jemand einen Schalter umgelegt wusste ich: Ich kann es nicht ändern, dass meine Mutter nicht anerkennen will, dass wir alle Zeugen, Opfer und Täter[1] sind. Seit ich denken kann, wollte ich sie aus ihrer Opferrolle erretten: wollte ihr klar machen, dass sie eben nicht, wie sie immer sagte „auf der Schattenseite des Mondes" geboren war, dass das Leben nicht nur aus Pflichterfüllung besteht und sie glücklich sein darf, dass ich ihr nichts vorwerfe und sie einfach nur liebe.

So wie wir alle hat sie ihre eigene Überlebensstrategie. Sie wollte ja von sich aus keine Lichtgestalt sein. Mein missionarischer Eifer hat uns beiden nicht gut getan. Ich kann sie nun endlich so lassen wie sie ist. Ihre Sichtweise auf das Leben ist eben eine vollkommen andere. Glaub mir, ich habe tatsächlich das Gefühl, dass ich nicht mehr von ihrer Anerkennung und Zuneigung, die ich mir immer so sehr gewünscht hatte, abhängig bin. Würde sie mich heute noch einmal vor die Wahl stellen: „Ich oder er" - ich könnte voll und ganz zu Dir stehen!

Es ist so traurig, dass Du das nicht mehr erleben kannst!

Ich vermisse Dich

Ich bin´s nochmal!

Ein kleines Wunder ist geschehen. Ich glaube, Hannes hat gespürt, dass meine Mutter diesmal zu weit gegangen war. Jedenfalls kam er gestern zu mir und teilte mir mit: Er habe mit ihr gesprochen und ihr zu einer anderen Variante geraten. Sie ist einverstanden. Die neue Forderung ist eher ein Angebot: Sie überlässt mir 250 qm Grund, wobei sie mir freistellt, ob ich dafür bezahlen will oder nicht. So ist die Klärgrube wieder auf meiner Seite. Ich brauche keine neue! Für den Zaun übernimmt sie die Hälfte der Kosten. Und die Bäume können stehen bleiben. Wow!

Das ist eine gute Nachricht.

Meine Sternenschwester ist auch sehr froh darüber. Umso mehr, da es beim letzten Interessenten bereits um einen geeigneten Notar-Termin ging und ich mich mit der Vorstellung, innerhalb der nächsten vier Wochen auszuziehen, vertraut machen musste. Nachdem er abgesprungen ist, rät sie mir dringend, mich bei meiner Mutter zu bedanken. „Spinnst Du? Du hast echt keine Ahnung. Ich kann mich auf keinen Fall bei ihr bedanken. Das schaffe ich nicht." Was soll ich Dir sagen. Ich bin nochmal in mich gegangen. Warum kann ich es eigentlich nicht? Auch meine Mutter wünscht sich Frieden, Liebe und Anerkennung. Das, was sie uns angetan hat, wird sie womöglich nie begreifen. Ich muss ihr das nicht mehr klar machen. Wie lange habe ich darum gebetet, ihr vergeben zu können. Fast ein Jahr lang habe ich es zusätzlich mit Spiegelarbeit versucht: „Ich bin willens zu vergeben." Endlich kann ich es nun, ohne dass sie mich darum bittet. Denn das wird vermutlich nie geschehen. Welch eine Befreiung! Bisher hatte ich so sehr nach einer Entschuldigung ihrerseits gehungert.

Ich rief sie an und bedankte mich für ihr Angebot. Ich konnte auf einer neuen Ebene mit ihr kommunizieren. Von erwachsener

Frau zu erwachsener Frau, anstatt von Kind zur Mutter. Ich hoffe sehr, dieser Wandel ist dauerhaft.

In Liebe!

Lieber Klaus,
mittlerweile steht der Zaun und trennt unsere Grundstücke. Optisch fügt er sich gut in die Landschaft ein, viel besser, als ich erwartet hatte. Für mich stellt er ein Paradebeispiel für die Meta-Ebene dar. Meine Mutter bestand auf der Errichtung eines Zaunes. Jeder hat seine eigene „Klär-Grube". Nun ist im Außen sichtbar, was sich im Inneren vollzog. Wir haben unsere Grenzen neu definiert. Ich konnte einen sinnlosen Kampf aufgeben, der mich sehr viel Energie gekostet hatte. Da fällt mir ein Zitat aus unserem Büchlein „Handbuch des Kriegers des Lichts"[2] ein: „Es gibt Augenblicke, in denen bedeutet Widerstand bieten zerstört zu werden. Darum passt der Krieger sich den Gegebenheiten an. Er nimmt ohne zu murren hin, dass die Steine des Weges ihn durch die Berge führen." Ich finde, das passt auch gut für Dich. Manchmal muss man etwas aufgeben, um sich nicht zu verlieren. Du bist Dir immer treu geblieben.
In tiefer Verbundenheit, Deine Gabriele

24. Neuanfang

Das Verhältnis zu meiner Mutter entspannte sich zusehends. Ich konnte wieder Hilfe annehmen, ohne das Gefühl, ich würde Klaus und mich verraten.

Es dauerte noch bis ins Frühjahr 2012, bis ein Käufer gefunden war. Ich befand mich auf einer meiner Yogareisen, als die entsprechende E-Mail von Ursula kam. „Es ist soweit. In drei Tagen geht's zum Notar." Vor meiner Abreise hatte ich meiner Sternenschwester eine Vollmacht unterschrieben; ihr Bauchgefühl hatte ihr gesagt, dass es erst soweit sein würde, wenn ich „aus dem Energiefeld" bin. Sie hatte Recht. Kaum war ich eine Woche im Ausland, hat es geklappt.

Nach meiner Rückkehr galt es ein neues Zuhause zu finden. Ursula hatte leider nichts Passendes in ihrem Portfolio. Ich suchte und fand im Internet. Eigentlich wollte ich eine Wohnung kaufen, doch Ursula riet mir, erst mal in eine Mietwohnung zu ziehen. Sie war sich sicher, mein endgültiges neues Nest noch zu finden.

Das ging dann schneller als gedacht. In die gemietete Wohnung zog ich nie ein. Ursula sieht es heute noch als ein Wunder an, denn sie fand eine Wohnung, die alle Kriterien meiner Wunschliste erfüllte! Sie sollte nicht zu groß sein, möglichst im obersten Stockwerk, in einem neueren Haus, hell und nahe am Wald, damit ich nicht erst ins Auto steigen muss um in die Natur zu kommen. Noch dazu liegt sie in meinem Lieblingsviertel, und zwei Straßen weiter hatte Klaus gewohnt. Jedes Mal wenn ich nach Hause fahre, komme ich an unserem kleinen Refugium und am Ort unseres ersten Treffens vorbei. Das war zu Beginn schmerzhaft, doch ich denke, dies hilft mir beim Abschied nehmen und beim Heilwerden. Meine Schwester wohnt drei Minuten zu Fuß entfernt und das Haus meines Vaters erreiche ich in fünf Minuten. Wieder einmal kann ich nur staunen. „Was für ein Zufall". Danke lieber Gott!

Der Umzug verlief erstaunlich unkompliziert. Ich war davor aufgeregt und fragte mich, wie ich das alles schaffen soll. Doch es lief reibungslos. Es war mir gelungen, wirklich loszulassen. Die neuen Besitzer halfen mir dabei. Ich konnte ihnen fast alles überlassen. Lampen, Vorhänge, viele Möbel. Sämtliches Werkzeug in der Garage, alle Gartengeräte im Schuppen, große und kleine Übertöpfe. Gut, ich bekam nur eine symbolische Summe dafür. Das akzeptierte ich gerne! Hauptsache war: Ballast abwerfen und neu beginnen. Am Ende reichte eine einzige Fahrt mit einem kleinen Transporter, um mein restliches Hab und Gut in mein neues Zuhause zu bringen.

Vom ersten Tag an fühlte ich mich dort wohl. Endlich hatte ich keinen unnötigen Raum und unnötige Dinge um mich herum. Den Platz, der mir nun zur Verfügung steht, brauche ich auch. Ich bewohne jeden qm. Das gefällt mir. Und mein Garten? 27 Jahre lang hatte ich ihn immer wieder neu gestaltet, gehegt und gepflegt. Alle hatten mir prophezeit, dass ich die Gartenarbeit sehr vermissen werde. Keine Spur! Ich war selbst erstaunt. Für mich ein Indiz für mein Chamäleon-Dasein. Ich passte mich einfach den Umständen an und tat, was zu tun war. Ich würde sagen, dass dies eine gute Eigenschaft ist, man sollte dabei nur aufpassen, dass man vor lauter Anpassung noch weiß, wer man ist. Ich wusste es nicht.

Momentan habe ich nur einen einzigen Topf auf dem Balkon. Es ist mein uralter Kaktus, der mich schon seit meinem ersten Apartment in Hessen begleitet. Ein echter Überlebenskünstler. Mehr brauche ich nicht, denn um mich herum gibt es Gärten mit herrlichen alten Bäumen, an deren Anblick ich mich erfreuen kann.

Ich kann meine Haustür zuschließen und problemlos verreisen. Fast zeitgleich mit meinem Umzug bekam ich neue Angebote für meine Yogareisen! Ich konnte zusagen. Nun bin ich viele Wochen im Jahr unterwegs und kann mich ganz meiner Berufung widmen. Als zusätzliches Geschenk bekam ich eine neue Freundin. Eine Etage unter mir wohnt eine tolle Frau mit ihrem Sohn. Micha ist ein wenig jünger als ich und auch eine Single-Stier Frau. Sie kümmert sich liebevoll und verlässlich um Wohnung und Post, wenn ich unterwegs bin. Das kann immerhin bis zu acht Wochen am Stück sein, was früher undenkbar war. Ich empfinde mein Leben jetzt als unfassbar reich. Das drückt es für mich am besten aus: Ja, ich bin reich beschenkt!

25. Folge deinem Herzen

Lieber Klaus,

nun sind es bald 7 Jahre, dass Du nicht mehr da bist. Einerseits verging Jahr um Jahr ungeheuer schnell: schon wieder ein Silvesterabend ohne Dich. Andererseits kommt es mir wie Lichtjahre vor. Es ist so vieles geschehen. Ich habe so viel gemacht, erlebt und gelernt.

Die kurze Zeit mit Dir hat mein Leben von Grund auf verändert. Obwohl es nur eineinhalb Jahre waren, bist Du der Mensch, der mich am besten kennt. Du weißt, wer ich wirklich bin, denn Du wolltest es wissen. Du hast meine verborgenen Ängste ans Licht geholt und mir gezeigt, was es heißt, wirklich zu lieben.

Durch Dich wurde mir so manche Erkenntnis zuteil. Sie erfasst den Sinn von innen heraus. Wir fühlen und wissen es in der Tiefe unseres Herzens. Das ist mehr als bloßes Verstehen. Erst dann ist es möglich, dass sich etwas wandelt, sich auflösen kann. Heute glaube ich, dass unbewusste Ängste unser größter Feind sind. Sie lassen uns Dinge tun, die uns das Leben schwer machen. Je mehr wir von Ängsten geplagt sind, desto mehr verletzen wir andere und uns selbst. Sie hindern uns daran, wirklich glücklich und frei zu sein; unser Potenzial zu leben.

Wenn die Angst geht, kann die Liebe kommen.

Wenn die Angst geht, bleibt Liebe.

Wenn die Angst geht, sind wir frei.

Genau wie Du bin ich der Ansicht, dass es sich lohnt, dafür zu kämpfen, unseren verborgenen „Dämonen" auf die Schliche zu kommen und sie in Schach zu halten. Uns beiden hat unser Glaube immer geholfen. In der christlichen Spiritualität steckt so viel Weisheit, Wahrheit und Hilfe. Wie sagt schon Paulus: „Der Herr ist der Geist; wo aber der Geist des Herrn ist, da ist Freiheit." (2 Kor 3,17)[5] und „Ihr seid zur Freiheit befreit." (Gal 5,1)[5]

Ich habe mir vorgenommen, immer heiler, bewusster und freier zu werden, je älter ich werde. Weißt Du, ich sehe mein Leben jetzt als ein großes Experiment. Ich bin bereit, viel für mein Ziel zu tun. Ich versuche Achtsamkeit in allen Bereichen walten zu lassen: Ich ernähre mich bewusst, bewege mich viel, halte Disziplin im Yoga und in der Meditation, arbeite mit Jin Shin Jyutsu[9], nutze die Aufstellungsarbeit, wenn es nötig ist, und ich praktiziere immer noch täglich meine Spiegelarbeit[10]. Die gute Luise Hay hat uns beide immer begleitet. Dabei bin ich mir bewusst, dass ich nicht alles „machen" kann. Ich tue, was ich kann, gebe mein Bestes, doch letztlich liegt es in Gottes Hand. Und das ist ja auch schön! Ich bin jedenfalls sehr gespannt, wie mein Experiment ausgehen wird. Das werde ich erst auf dem Totenbett wissen. Das Beruhigende daran ist, dass wir alle sterben müssen. Das Leben ist ein Risiko. Es endet immer tödlich. HIV hin oder her. Irgendwann ist irgendetwas meine Todesursache. Ich bin keine Molekularbiologin! Ich kann nur meinem Bauchgefühl folgen und dieses sagt mir: Ich bin auf dem richtigen Weg. Bisher habe ich noch keine einzige Pille der bei HIV empfohlenen Medikation geschluckt, und es läuft sehr gut. Ich fühle mich fit, gesund und leistungsfähig. So wenig Schmerzen hatte ich noch nie in meinem Leben! Was für eine Erlösung!

In diesem Jahr hatte ich mir vorgestellt, ich könnte doch auch hier in Nürnberg einen Arzt finden. Die lange Reise hoch nach Kiel erschien mir auf Dauer doch recht umständlich. Und es wäre auch schön, hier vor Ort jemanden zu haben, sollte einmal etwas Akutes sein, und sei es nur ein Magen-Darm-Virus. Irgendwie landete ich dann in einer „Schwerpunkt-Praxis". Der Arzt war wirklich sehr nett und nahm sich richtig Zeit für mich. Er erklärte mir die Zusammenhänge, malte Viren und CD4-Zellen für mich und zeigte mir anhand von Kurven Krankheits-Verläufe vieler Patienten. Es könne lange gut gehen, doch dann käme plötzlich eine dramatische Verschlechterung. Erst dann mit der Medikation zu beginnen sei keine gute Idee. Dann kam der 1. Dez., der Welt-Aids-Tag. In den Medien gab es verschiedene Beiträge mit wilden Hochrechnungen, Statistiken und der Ankündigung eines möglichen Impfstoffes. Ich kann einfach nicht verstehen, wie es möglich ist, dass die gängige Anschauung stimmig und logisch klingt und durch all die Krankengeschichten belegt scheint und doch so vollkommen konträr zur Meinung anderer ist, unter denen schließlich Nobelpreisträger wie Prof. Mullys und angesehene Wissenschaftler wie Prof. Duesberg sind. Und dass sich in all den Jahren zwischen den Fronten nichts bewegt hat. Ich möchte verstehen und natürlich auch gerne fähig sein, jemandem die Zusammenhänge zu erklären, sollte ich gefragt werden. Also nahm ich allen Mut zusammen und schrieb eine Email an Prof. Duesberg[11] und an Dr. Köhnlein[12]. Sie haben sofort geantwortet. Unsere Kommunikation hält noch an und tut mir sehr gut. Das hat Dr. Köhnlein mir gestern geschrieben:

„Sehen Sie das Retrovirus, welches man HIV genannt hat, mal als Passagiervirus, wie wir viele in uns tragen – und stellen sich vor, dass etwas anderes wie Schlafmangel, Stress, Drogen das Immunsystem schädigen kann, dann geht auch die Viruslast eines Passagiervirus hoch und die Helferzellen runter. Wenn wir andere Retro- oder Passagier-Viren mit PCR messen würden (was aber nicht gemacht wird), würden wir auch ansteigende ,Viruslasten' messen. *Die ansteigende Viruslast ist dann die Konsequenz, nicht die Ursache des Immundefektes. Deswegen bleibt sie bei Ihnen auch im Rahmen ... nur das Messen allein macht schon Stress. Ein andermal mehr.*"

Die wissenschaftlichen Abhandlungen sind mir einfach zu kompliziert, und ich verstehe nur Bahnhof. So wie er es beschreibt, kann ich die Zusammenhänge nachvollziehen. Ich werde ihm noch einige Fragen stellen und im nächsten Sommer mache ich mich wieder zu ihm auf, um mich durchchecken zu lassen. Sein Fazit der letzten Untersuchung: „Sie sind vollkommen gesund." Das baut auf. Meine Suche in Nürnberg lasse ich erst mal sein. Ich bin dankbar und froh, dass ich Dr. Köhnlein habe.

Hier möchte ich nachträglich etwas einfügen: Es ist Sommer 2017 und das Buch ist kurz vor der Fertigstellung. Im Herbst letzten Jahres lernte ich in der Vorbereitung eines Meditationskurses einen ganz besonderen Mann kennen. Inzwischen verbindet uns eine innige Freundschaft. Er ist Internist und erklärte sich einverstanden, die jährliche Untersuchung mit dem HIV-Test zu übernehmen. Heute, an meinem 59. Geburtstag rief er mich am frühen Morgen an, um mir das Laborergebnis mitzuteilen: eine Viruslast von 1680 Viruskopien pro ml Blut! (Viruslast 2012: 1600 / Viruslast 2013: 2800 / Viruslast 2016: 5000) Nach der vorherrschenden Anschauung ist die Viruslast das alles entscheidende Kriterium. Allerspätestens bei 5000 sollte mit der Medikation begonnen werden. Allgemein gilt, dass die Viruslast ohne Therapie im Laufe der Jahre unweigerlich ansteigt. Da dies bei mir nicht zutrifft, bin ich ein unerklärlicher Fall und damit ein sogenannter „Non Progressor". Wäre es denkbar, dass die anders denkenden Mediziner und Wissenschaftler doch Recht haben?

„Einer neuen Wahrheit ist nichts schädlicher als ein alter Irrtum." Goethe

Noch etwas „Wunder-volles" gibt es zu erzählen. Das Verhältnis zu meiner Mutter hat sich grundlegend gewandelt. Ich kann mich noch gut an meine erste Aufstellung bei Paul erinnern. Er beschrieb meine Problematik mit der Aussage: „Der Wickel liegt bei der Mutter". Offensichtlich fand inzwischen eine tiefgreifende „Ent-wicklung" statt.

Vor drei Jahren hatten meine treuen Bayreuther Yogis gefragt, ob wir uns nicht wieder regelmäßig treffen könnten. Das tun wir seitdem. Ist das nicht schön? Vor jedem Treffen fahre ich nun nach Bayreuth, um meine Mutter und Hannes zu besuchen. Unser Miteinander ist herzlich. Stell Dir vor, wir umarmen uns sogar und eines Tages überraschte sie mich mit der Begrüßung: „Hallo mein Schatz." Was sagst Du nun? Ich bin sehr glücklich darüber. Hier ist ganz offensichtlich etwas in Heilung gegangen. Ursula hat meine Mutter auch ins Herz geschlossen. Wir haben sogar schon einige Male Weihnachten miteinander gefeiert. Wie eine Familie! Meine Sternenschwester fühlt sich tatsächlich angenommen wie eine Tochter.

Du siehst, Dein kometenhafter Einschlag in mein Leben hat sich gelohnt. Ich danke Gott, dass wir uns getroffen haben. Wenn ich morgen gehen müsste, hätte ich die Gewissheit, ich habe gelebt. Ich habe geliebt. Ich wurde geliebt. Und ich habe alles gegeben. Ist das nicht wunderbar? Viele Menschen antworten auf die Frage, „Was ist das wichtigste im Leben?": die Gesundheit. Für mich ist es „die Liebe". Sich gesund zu fühlen ist

*herrlich und wertvoll. Doch was nützt mir meine Gesundheit,
wenn ich ohne Liebe durchs Leben gehe?"*

*Und weißt Du, wofür ich noch sehr dankbar bin? Dass ich in
Deinen letzten Stunden bei Dir sein durfte! Ich bin Dir tatsächlich
bis zum Nordpol gefolgt, und Du warst nicht allein.*

*Ich möchte Dir noch eine unserer Lieblingsstellen aus der
Bibel mitgeben:*

*„Wenn ich mit Menschen und Engelszungen redete, und
hätte die Liebe nicht, so wäre ich ein tönendes Erz oder eine
klingende Schelle / Und wenn ich prophetisch reden könnte und
wüsste alle Geheimnisse und alle Erkenntnis, und hätte allen
Glauben, sodass ich Berge versetzen könnte, und hätte die Liebe
nicht, so wäre ich nichts / Und wenn ich all meine Habe den
Armen gäbe und ließe meinen Leib verbrennen und hätte die
Liebe nicht, so wär´s mir nichts nütze." (1 Kor 13) 5)*

In immer währender Liebe, Deine Gabriele

26. Zukunftsvision

In unserem Leben gibt es viele Höhen und Tiefen, Licht und Schatten. Wir werden immer wieder enttäuscht, jedoch ist das das Ende der Täuschung: Eine Ent-täuschung schafft Raum für Neues. Und das sollten wir auch wagen! Denn Sicherheit gibt es in unserem Leben nicht. Manchmal jedoch dürfen wir so etwas wie Gewissheit verspüren.

Ich habe die Gewissheit, dass ich auf Gott vertrauen kann und dass ich meinem Herzen folgen darf.

Ich wünsche uns allen Gottes Segen, um die Liebe wieder als unseren höchsten Wert zu erkennen. So kann ein Paradigmenwechsel in vielen Bereichen stattfinden: weg von der zerstörenden Gier und dem „immer mehr, immer schneller, immer weiter", hin zu einem menschlichen Miteinander, zu einer ganzheitlicher Medizin und zu einer humanen Nutzung unserer Ressourcen im Einklang mit Mutter Natur. Dabei kommt es ganz wesentlich auf die Gewichtung unserer Prioritäten an. Warum sind heute so viele Menschen physisch und psychisch krank, fühlen sich unzufrieden, unglücklich und ausgebrannt? Nur materielle Güter, übermäßiger Konsum und linearer Fortschritt bringen uns kein Glück. Vielmehr sind es die einfachen Dinge, das Sein in der Natur, ein liebevoller Umgang miteinander und mit allem was lebt.

„Zukunft wird nur dann möglich sein, wenn wir lernen, auf Dinge, die machbar wären, zu verzichten, weil wir sie nicht brauchen" (Günter Grass).

Möge bald ein neues Bewusstsein unsere wunderschöne Erde beseelen!

27. Fragmente des Buches von Klaus

Klaus wollte unbedingt ein Buch über seine Geschichte und seine Heilung schreiben. Sein Credo war: „Und wenn es nur einem Menschen hilft, hat sich die ganze Arbeit schon gelohnt." Von den dreizehn geplanten Kapiteln konnte Klaus drei und den Prolog fertigstellen. Diesen sowie einen Teil seiner Geschichte und seine Vision eines ganzheitlichen, interdisziplinären Heilungszentrums möchte ich hier anfügen.

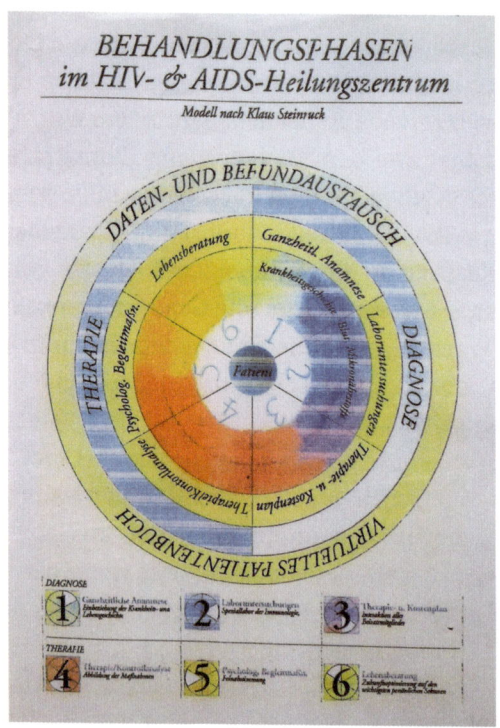

Prolog

Das Leben ist ein ständiges sich Wandeln und Anpassen auf die immer höher werdenden Herausforderungen, welche uns sehr oft an die Grenzen des Erträglichen führen. Viele Menschen werden durch plötzliche Schicksalsschläge aus ihrer gewohnten Komfortzone katapultiert und finden sich plötzlich in einem von Angst erfüllten Raum der Leere wieder. Die scheinbar unüberwindlichen Herausforderungen geben uns jedoch auch die große Chance, unseren verlorengegangenen Glauben an die Unfehlbarkeit allen Lebens auf diesem Planeten wieder zu finden. Wenn wir unsere Lebensprüfungen meistern, finden wir eine tiefe Sicherheit in uns selbst, dass alles seine Richtigkeit hat und wir in den dunkelsten Stunden unseres Lebens die wertvollsten Juwelen der Erkenntnis finden. Diese Sicherheit kann uns keiner mehr nehmen, denn sie stützt sich nicht auf äußere Rahmenbedingungen und künstliche Geborgenheitszonen, sondern auf einen wiedergewonnenen Glauben an die immer uns begleitende göttliche Führung. In der heutigen Zeit der sich auflösenden äußeren gesellschaftlichen Strukturen möchte ich mit diesem Buch all jenen Mut machen, die den Weg ihres eigenen Wesens gehen möchten. Sie sind die Hoffnungsträger für unsere Zukunft, welche sich mutig hinwegsetzen über alle Widerstände und Hindernisse, die Ihnen entgegen gestellt werden, die sich selbst wieder vertrauen und ihre wahre Bestimmung und Berufung leben. Den wahren Sinn des Lebens finden wir nur in uns selbst, dort, wo alle Geheimnisse der Schöpfung im Verborgenen liegen, wenn diese vom Licht des Mitgefühls und der Herzlichkeit erhellt werden.

Vom Millionär zum Sozialhilfeempfänger

Heute ist einer der wichtigsten Tage in meinem beruflichen Leben. Es ist der 12. Juni 1995, und zum ersten Mal werden sämtliche Organmitglieder meiner neuen Aktiengesellschaft an einer gemeinsamen Sitzung in meinen Kanzleiräumen teilnehmen. Viele Jahre der akribischen Vorbereitung und der Entwicklung von spezifischen Anlagestrategien und den dafür notwendigen rechtlichen Genehmigungsverfahren, eingebettet in ein hoch effektives, aber für die Mandanten transparentes Vermögensverwaltungs-System lagen hinter mir. Am heutigen Tag, auf den ich mich seit Wochen gefreut habe, werden alle für die Aktiengesellschaft ausschlaggebenden Personen mir gegenübersitzen, und somit wird eine langjährige Vision zum ersten Mal in der Tagesrealität für mich konkret sichtbar. Schon sehr früh am Morgen redigiere ich noch einmal meine Vorstandsrede an meinem privaten lindgrünen metallenen Schreibtisch aus den dreißiger Jahren, den mir ein befreundeter Chirurg aus seinem Fundus vererbt hat, bevor ich gut gelaunt in meine Mercedes-Limousine steige und den allmorgendlichen Weg zu meinen Kanzleiräumen noch vor dem Beginn der Rushhour zurücklege.

Immer wieder erfüllt es mich mit einer großen Freude und einem tiefen Gefühl innerer Zufriedenheit, wenn ich meinen Wagen auf meinem Kanzleiparkplatz parke und mir anschließend das imposante, von uns selbst renovierte Jugendstil-Anwesen in einem kurzen Moment der inneren Ruhe betrachte. Ich bin sehr stolz auf die hervorragende Arbeit, die wir gemeinsam mit begnadeten Restaurationskünstlern in den letzten Jahren in meiner Heimatstadt verwirklicht haben. Mit der Restaurierung denkmalgeschützter historischer Bausubstanz aus der Epoche des Jugendstils haben wir für viele

Jahrzehnte sichtbare Zeichen der Bauästhetik hinterlassen, welche immer wieder von maßgeblichen Fachleuten und federführenden Gremien mit höchsten Preisen ausgezeichnet wurden. Die ökonomischen und fiskalischen Auswirkungen für meine in diese wertvollen Bausubstanzen investierenden Mandanten gestalteten sich jedes Mal auf hervorragende Weise.

Ich betrete freudig erregt das mit floraler Ornamentik reichlich verzierte Treppenhaus meiner Kanzlei, betrachte verliebt die Wandfresken, als mich meine Sekretärin mit einem freundlichen Guten Morgen Gruß wieder in die Realität der Geschäftswelt zurückholt.

Der große Sitzungssaal mit seiner filigranen Stuckdecke ist bereits festlich geschmückt, und alle notwendigen Accesoires sind äußerst sorgfältig von meinen Sekretärinnen gemäß meinen Vorgaben auf die mit Namensschildern gekennzeichneten Plätze der Aufsichtsrats- und Vorstandsmitglieder platziert worden. Besonders gespannt bin ich auf das erste persönliche Aufeinandertreffen unseres Aufsichtsratsvorsitzenden aus der Schweiz, dem amtierenden Vizepräsidenten der Schweizer Treuhand-Vereinigung und unseren Anlageausschussvorsitzenden Professor L., sowie dem bedeutendsten Hauptaktionär, dem Textilfabrikanten Gerhard H.

Heute ist es meine Aufgabe, die positive Aufbruchsstimmung für die neue Aktiengesellschaft, welche bereits am Anfang des Jahres entstanden ist, durch positive Gesellschaftsnachrichten zu verstärken und das Vertrauen des Namens-Aktionärskreises nachhaltig zu stärken. In dieser für mich sehr bedeuteten Aufgabe als Vorstandsvorsitzender werde ich maßgeblich unterstützt durch den federführenden Wirtschaftsprüfer unserer neuen jungen AG, welcher mir noch vor Beginn der Hauptsitzung die Detailinformationen zu den neuesten rechtlichen und finanztechnischen Entwicklungen des

Unternehmens per Fax übermitteln will. Pünktlich um 8:00 Uhr morgens gehen mehrere Faxe von der renommierten Wirtschaftsprüfungsgesellschaft ein.

Sehr gespannt beginne ich die Informationen der einzelnen Seiten zu lesen, doch je mehr ich den Inhalt zur Kenntnis nehme, desto größer wird bei mir das Gefühl von Verwunderung, Ungläubigkeit und eines sehr rasch anwachsenden Pegels von Ärger und Wut.

Immer wieder lese ich die einzelnen Details und kann es einfach nicht fassen, dass mich wenige Minuten vor Beginn unserer wichtigen Generalversammlung das Wirtschaftsprüfungsunternehmen in eine solch unangenehme Lage bringt. Es ist für mich nicht nachvollziehbar, weshalb ich diese Informationen erst so spät erhalte und natürlich in der Kürze der Zeit nicht mehr in der Lage bin, die Sachverhalte für mich ausreichend zu klären und entsprechende Maßnahmen und Verbesserungsschritte einzuleiten.

Mit einem sehr ambivalenten Gefühl eröffne ich pünktlich um 10:00 Uhr diese, wie sich später für mich herausstellt, alles entscheidende Generalversammlung.

Ich trage mit großer Begeisterung die von mir ausgearbeiteten Businesspläne für das erste Geschäftsjahr vor und erläutere im Detail die für die Erreichung der ehrgeizigen Geschäftsziele notwendigen Investitionen sowie die speziellen Akquisitionsstrategien. Im weiteren Verlauf der Sitzung komme ich jedoch nicht umhin, die rechtlichen Pannen der Wirtschaftsprüfungskanzlei, insbesondere auf wiederholtes Nachfragen des Aufsichtsratsvorsitzenden, in einer von mir nicht gewünschten Ausführlichkeit darlegen zu müssen. Ein grober Fehler in dem Procedere der Gesellschafts-Eintragung in das Handelsregister führte letztendlich zu einer sehr unangenehmen Situation der neuen, auf Expansionskurs befindlichen AG. Es ist mir nicht möglich, die teilnehmenden Aktionäre zu beruhigen und die Sitzung in einer angenehmen und positiven Weise fortzusetzen. Je länger die Generalversammlung andauert, desto größer wird das Gefühl eines sich ausbreitenden Unmutes der teilnehmenden Unternehmensorgane. Die unmittelbar darauf beschlossenen Gesellschafterbeschlüsse sind für mich eine herbe Niederlage in dem bisher so positiven Verlauf meiner beruflichen Karriere. Der Aufsichtsrat beschließt einstimmig die Einstellung sämtlicher Akquisitionsstrategien und Maßnahmen, sowie die Einstellung der Gehaltszahlungen, bis die Aktiengesellschaft ordnungsgemäß im Handelsregister eingetragen ist und somit die Haftung der Aktionäre rechtlich begrenzt wird. Ich werde damit beauftragt, umgehend mit der zuständigen Wirtschaftsprüfungsgesellschaft die Ursachen für die große zeitliche Verzögerung der Eintragung lückenlos aufzudecken und die Rechtssicherheit für die Aktionäre wieder herzustellen. In letzter Konsequenz heißt dies für mich, dass ich zwar der Vorstandsvorsitzende meiner Gesellschaft, aber letztendlich handlungsunfähig bin. Die finanziellen Einbußen, welche sich aus den einzelnen Gesellschafterbeschlüssen für mich ergeben, sind gravierend und sollten sich in der Folgezeit als besonders schwerwiegend auch auf meine private finanzielle Situation auswirken. Ich beende die erste Gesellschafter-Hauptversammlung am frühen Nachmittag mit einem tiefen Gefühl der Enttäuschung und fahre an diesem Tag, sehr ungewöhnlich für mich, früh am Abend nachhause, um in der Geborgenheit meiner Familie emotionalen Trost zu finden.

Am Morgen des 15. Juli habe ich eine Krisensitzung bei der Wirtschaftsprüfungsgesellschaft einberufen. Die höchste Priorität für mich ist jetzt die lückenlose und schnelle Aufklärung der begangenen Verfahrensfehler. Im Laufe der Sitzung stellt sich heraus, dass vonseiten der Wirtschaftsprüfungsgesellschaft und des für die Eintragung ins Unternehmensregister zuständigen Notariats teilweise gravierende Unterlassungen der Sorgfaltspflicht und der vertraglichen Genauigkeit zu konstatieren sind. Insbesondere die europaweite Überprüfung des einzutragenden Namens der Gesellschaft und die Sicherung der alleinigen Namensverwendung wurden äußerst dilettantisch durchgeführt. Es ist zu befürchten, dass die dringend notwendige Eintragung ins Unternehmensregister sich noch weitere Monate hinauszögert und somit der alle Aktivitäten blockierende und meiner Meinung nach sehr kurzsichtige Aufsichtsratsbeschluss die weitere Existenz der neuen Aktiengesellschaft erheblich gefährdet.

Desweiteren entdecke ich erhebliche Mängel bei der Formulierung und rechtlichen Gestaltung meines Vorstandsvertrages, unter anderem das Versäumnis, eine sogenannte Selbstkontrahierungsklausel einzutragen, welche normalerweise in jedem Vorstandsvertrag zu finden ist. Am Ende der Sitzung bitte ich noch einmal Dr. S. persönlich, alles Erdenkliche zu tun, um eine zügige Eintragung der neuen Aktiengesellschaft zu gewährleisten, und mich umgehend zu informieren, wenn die eintragungstechnischen Probleme von ihm gelöst wurden.

In den kommenden Wochen verstärkte ich mein persönliches Engagement als Vorstandsvorsitzender und Geschäftsführer meiner Unternehmen noch einmal in einer von mir vorher nicht gekannten Art und Weise. Meine Familie bekommt mich nur noch selten zu Gesicht, und oft bin ich bis spät in der Nacht an meinem Schreibtisch und versuche immer wieder Lösungen für die verfahrene Geschäftssituation zu finden. Als besonders gravierendes Problem stellt sich die Einstellung jeglicher Akquisitionstätigkeiten für die neue AG heraus. Ein bundesweit von mir aufgebautes Repräsentanten-Netz mit renommierten Vermögensberatern und kooperierenden Vermögensverwaltungsgesellschaften besteht jetzt nur noch auf dem Papier und kann keinerlei Aktivitäten im Tagesgeschäft entwickeln. Der Beschluss des Aufsichtsrats erweist sich als Dolchstoß für die neue junge Aktiengesellschaft. Ich verändere meine Akquisitionsstrategie und verhandle ab sofort persönlich mit mir befreundeten Versicherungsvorständen und Geschäftsführern von marktführenden Industrieversicherungsgesellschaften, um neues zu verwaltendes Anlagevermögen für die Aktiengesellschaft zu generieren. Anfänglich erweisen sich diese neuen Akquisitionsstrategien als äußerst aussichtsreich, und es finden in den kommenden Wochen immer wieder viel versprechende Gespräche auf höchster Ebene statt, die ein zu verwaltendes Anlagevermögen von 50.000.000 DM in greifbare Nähe stellen.

Auf eine Art und Weise, die sich meinem logischen Denkvermögen entzieht, scheitern die anschließenden Vertragsabschlüsse jedoch jedes Mal in sprichwörtlich allerletzter Minute durch nicht vorhersehbare Umstände. Meine Intuition, auf die ich mich immer besonders verlassen kann, läßt in mir das Gefühl entstehen, einen Kampf gegen Windmühlen zu führen. Es entsteht in mir der Eindruck, dass sich bei jeder Verstärkung meines persönlichen Engagements im gleichen Maße auch die anschließenden Widerstände verstärken, als hätte sich plötzlich alles gegen mich verschworen.

Die finanzielle Situation in der neuen AG entwickelt sich in einer steilen Spirale nach unten. Die neue Belegschaft, welche hauptsächlich aus hochspezialisierten Anlageanalysten besteht, schlägt jeden Monat mit sehr hohen Personalkosten zu Buche, und auf der Ertragsseite werden seit der vom Aufsichtsrat beschlossenen Einstellung jeglicher Akquisitionstätigkeiten keinerlei positive Umsätze mehr verbucht.

Ich erhöhe durch eine private Einlage von 150.000 DM das Stammkapital der Aktiengesellschaft und bezahle die Löhne der Angestellten von meinen privaten Rücklagen. Ich fühle mich für die einzelnen neuen Mitarbeiter persönlich verantwortlich, insbesondere für jene, welche ihre ursprünglichen sehr positiven Wirkungsstätten wegen dem von mir in Aussicht gestellten attraktiven persönlichen Entwicklungspotential verlassen haben und mir im hohen Maße ihr Vertrauen geschenkt hatten.

Die von Seiten der Wirtschaftsprüfungsgesellschaft verursachten Vertragsfehler, insbesondere in meinem Vorstandsvertrag, verhindern seit Monaten eine Anweisung meines Salärs.

Parallel dazu verlässt ein sehr wichtiger Gesellschafter in dieser für die AG sehr diffizilen Situation die seit 20 Jahren bestehende Muttergesellschaft meiner Firmengruppe und fordert eine sehr hohe persönliche Ablösesumme. Es gelingt mir nur unter Einsatz einer für mich sehr hohen finanziellen Belastung, verursacht durch immense Anwaltskosten, die unberechtigte Forderung des Gesellschafters gerichtlich abzuwenden und somit wenigstens in der Muttergesellschaft eine beruhigte betriebliche Atmosphäre zu gewährleisten.

Es ist der 3. August 1995, als ich beim Öffnen meiner morgendlichen Geschäftskorrespondenz verwundert ein Schreiben meiner Hausbank zur Kenntnis nehme. Darin werde ich höflich aber bestimmt gebeten, kurzfristig einen persönlichen Gesprächstermin mit dem 2. Vorstand des Hauses zu vereinbaren. Ich bin sehr beunruhigt über die Tatsache, dass mein langjähriger Freund und Geschäftspartner, der Vorstandsvorsitzende des Geldinstitutes, meine finanzielle Angelegenheit an den zweiten Vorstand weiterdelegiert hat. Ich beauftrage meine Sekretärin umgehend einen Termin für ein persönliches Gespräch zu vereinbaren. Am 6. August morgens um 10:00 Uhr sitze ich im Vorstandszimmer des städtischen Geldinstitutes mit dem mir bis dahin völlig unbekannten Kompetenzträger des Hauses, Dr. K.. Dieser begrüßt mich in einer sehr distanzierten Art und Weise und übermittelt mir einen freundlichen Gruß seines Vorstandsvorsitzenden, der leider nicht an diesem Gespräch teilnehmen könne, da besondere Auslandstermine seine Abwesenheit erforderten. Dr. K. erklärt mir unmissverständlich, dass meine privaten Konten in ihrem Hause derzeit sehr strapaziert seien und fordert mich auf, diese in den nächsten 14 Tagen auszugleichen.

Ich bin sehr überrascht über seine Ausführungen und erkläre ihm in den nächsten zwei Stunden sehr detailliert, wie es zu der derzeitigen angespannten finanziellen Situation durch die rechtliche Problematik der neuen Aktiengesellschaft kommen konnte.

Desweiteren weise ich ihn darauf hin, dass ich für sein Geldinstitut Sicherheiten in Höhe von 2.000.000 DM in Form von hypothekarischen Eintragungen auf meinen persönlichen Immobilienbesitz hinterlegt habe. Sehr nachdenklich macht mich seine Frage, inwieweit ich mir vorstellen könnte, meine Jugendstil-Kanzlei in dem mehrfach preisgekrönten Anwesen in bester Innenstadtlage zu veräußern. Ein für sein Haus sehr bedeutender Anlagekunde hätte mehrfach sein starkes Interesse an meiner Kanzlei geäußert. Ich erkläre Dr. K., dass meine Kanzlei meine private Altersversorgung darstellt und in ein steuerreduzierendes zehnjähriges Modell eingebunden ist, eine Tatsache, die seinem Hause wohl bekannt sei. Er antwortet, dass dieser Umstand ihm sehr bewusst sei, sein Haus auf diese persönlichen Kausalitäten jedoch keine Rücksicht mehr nehmen könne. Es bleibt mir nichts anderes mehr übrig, als eine zügige Erledigung der Kontenangelegenheiten in Aussicht zu stellen und verabschiede mich höflich, aber sehr enttäuscht.

Ich fahre zurück in meine Kanzlei und versuche in den nächsten Stunden meine innere Ruhe wieder zu finden und die Ereignisse der letzten Tage und Wochen sachlich und ohne emotionale Einflüsse zu analysieren. Ich bemerke in mir jedoch eine sehr starke Unruhe und ein wachsendes Wutgefühl über die Unfähigkeiten meiner persönlichen Rechts- und Steuerberater. Fast 20 Jahre habe ich sehr hohe Honorare an meine Beratungsgesellschaften bezahlt für die vom Gesetzgeber vorgeschriebenen Unternehmensprüfungen, Jahresabschlüsse und Steuererklärungen sowie eine große Anzahl von rechtlichen Verträgen. Jetzt fühle ich mich von diesen Gesellschaften zu einem für mich sehr wichtigen Zeitpunkt meiner beruflichen Karriere im Stich gelassen und teilweise sogar persönlich ausgebeutet. Mein Gedankenkarussell kreist unaufhörlich immer wieder um die gleiche Thematik der Wiederflottmachung meines zurzeit stillgelegten Flaggschiffes der neu gegründeten Aktiengesellschaft und der damit verbundenen immensen persönlichen Entlastung meiner derzeitigen finanziellen Anspannung. Bis spät in die Nacht sitze ich an meinem Schreibtisch und betrachte zwischendurch zur Entspannung meine persönlichen Lieblingsbilder von „Monets Garden". Ich entscheide mich für eine neue Lösungsstrategie in der Form, dass ich ab sofort meine Aktivitäten in einem anderen Unternehmen von mir massiv verstärke und somit die momentan unbeweglichen Unternehmensorgane finanziell wieder entlaste. Das von mir gewählte Unternehmen ist meine Gesellschaft für denkmalgeschütztes Grundvermögen, bei dem ich mir sehr gut vorstellen kann, kurzfristig eine größere Summe durch den Verkauf eines Jugendstilhauses zu generieren. Am nächsten Morgen beginne ich voller Dynamik und Begeisterung, einen Geschäftspartner in diesem Unternehmen zu kontaktieren, und bin äußerst enttäuscht und überrascht von seiner Aussage, in diesem Jahr das erste Mal seit 10 Jahren kein steuerreduzierendes Denkmalschutzprojekt aufzulegen aufgrund eigener persönlicher großer privater Umstrukturierungen. Immer mehr verstärkt sich mein Gefühl, dass sich hier eine große persönliche Umbruchsituation für mich unaufhaltsam entwickelt, bei der ich anscheinend keine Möglichkeit bekomme, eine neue harmonische Struktur zu errichten und das Unabänderliche abzuwenden.

Ich darf jetzt nicht aufgeben, schießt es mir immer wieder gedanklich durch den Kopf. Meine Nerven sind sehr angespannt, und seit langer Zeit fällt es mir zum ersten Mal auf, dass ich Mandanten sehr ungeduldig und teilweise ohne jegliches Einfühlungsvermögen behandle. Eine Verhaltensform, die ich mir für mich selbst niemals habe vorstellen können.

Mitte August entscheide ich mich, spontan dem städtischen Geldinstitut eine Lebensversicherung mit 60.000 DM angespartem Kapital zu übertragen, damit sich die finanzielle Situation entspannt. Das Geldinstitut ist damit in sehr hoher Form von mir privat abgesichert und hat mittlerweile Sicherheiten von über 2.000.000 DM von mir hinterlegt bekommen.

Völlig überrascht und vollkommen konsterniert registriere ich am 18. August den Eingang eines Schreibens meiner Hausbank, in dem mir mit ein paar wenigen Sätzen die Kündigung meines Privatdarlehens in Höhe von 1,8 Millionen mitgeteilt wird.

Desweiteren fordert mich die Bank auf, das Darlehen innerhalb von vier Wochen zurückzuführen. Diese ungeheure Vorgehensweise meiner Hausbank, zu der ich in 20 Jahren ein hervorragendes Verhältnis entwickelt hatte und die mich in der Vergangenheit mehrfach als verdienten Geschäftspartner meiner hohen Beratungs-Qualität wegen ausgezeichnet hatte, schockierte mich bis ins tiefste Mark.

Eine finanzielle Lawine von ungeheurem Ausmaß, welche ich mir vorher niemals hatte vorstellen können, wurde durch diese Kreditkündigung für mich ausgelöst. In den folgenden Wochen entwickelten sich die negativen Auswirkungen in einer erdrutschartigen Dynamik. Meine erstklassige Bonität wurde durch die Vorgehensweise von Dr. K. vollkommen erschüttert.

Ich wurde von den mit mir kooperierenden Geldinstituten meiner sämtlichen Unternehmen nach und nach zu Gesprächen vorgeladen und ich fühlte mich langsam wie der Kapitän eines kleinen Holzbootes, der in tsunamiartiges Gewässer geraten ist.

Sämtliche Bankinstitute forderten weitere private Sicherheiten von mir für die Geschäftsdarlehen meiner Unternehmen. Die hervorragenden Bilanzen und das konstante Wachstum der letzten 20 Jahre wurde in keiner Weise mehr bei der Beurteilung der weiteren Kreditvergabe berücksichtigt. Es blieb mir nichts weiter übrig, als mein gesamtes privates Vermögen den Banken als Sicherheit zu hinterlegen, um, wie ich meinte, die Katastrophe abwenden zu können. Später sollte sich herausstellen, dass dies die schwerste Fehleinschätzung meines bisherigen wirtschaftlichen Lebens war. Die Kreditkündigung des städtischen Geldinstitut in Millionenhöhe verunsicherte meine sämtlichen Geschäftspartner und ließ die Möglichkeit einer erneuten Wiedereröffnung des Geschäftsbetriebes der neuen Aktiengesellschaft in weite Ferne rücken, und somit auch die Bezahlung meines seit Monaten ausstehenden Salärs. In der Zwischenzeit vergütete ich sämtliche Gehälter der bereits von mir eingestellten, hoch qualifizierten Spezialisten aus meiner Privatschatulle. Es war nur eine

Frage der Zeit, bis ich diesem immensen Finanzdruck nicht mehr standhalten konnte und die nächste Kreditkündigung meiner Geschäftsbanken ausgesprochen wurde. Langsam wurde mir immer bewusster, dass ein eigenes geschäftliches Profitinteresse die Ursache für dieses verantwortungslose und äußerst rücksichtslose Handeln des städtischen Geldinstitutes war. Kein mittelständischer Unternehmer kann innerhalb von vier Wochen eine Liquidität von 2.000.000 DM an ein Bankinstitut zurückführen. Als das Bankinstitut am 10. September ein Zwangsversteigerungsverfahren über meine Immobilie einleitete, bekam ich die Bestätigung für meinen Verdacht. Das Ziel der Bank war die günstige Ersteigerung meiner hochwertigen Liegenschaft über eines ihrer Tochterunternehmen mit 70 % des realen, vom Amtsgericht festgesetzten Verkehrswertes, um sie später mit großem Gewinn an einen für die Bank bedeutenden Kunden weiter zu veräußern. Die Differenz zwischen Versteigerungserlös und Kreditschulden müssen dann von mir mit dreißigjähriger Haftung sukzessive zurückgezahlt werden. Ein Procedere, das in Deutschland rechtlich verankert ist und den hohen Einfluss der Bankenlobby auf unser Rechtssystem verdeutlicht. Im Rahmen dieser gezielt eingeleiteten finanziellen Demontage kündigten mir meine parallel existierenden Geschäftsbanken in der Folgezeit sämtliche bestehenden Firmenkredite mit der Begründung meiner sehr reduziert eingestuften Bonität.

Am 8. Januar 1996 musste ich mein persönliches Insolvenzverfahren eröffnen. Ich konnte die private Finanzierung der Belegschaftsgehälter nicht mehr fortführen und musste der gesamten Belegschaft meiner Firmengruppe kündigen und in der Folgezeit sieben Konkursverfahren einleiten. Am 3. März 1996 wurden sämtliche Büromöbel in meinen Kanzleiräumen zur Versteigerung gebracht.

Ich sitze jetzt auf 200 m² Bürofläche alleine mit 160 Leitzordnern und kann die erdrutschartigen Geschehnisse der letzten Monate nur noch sehr schwer emotional verarbeiten. Ich mache mir größte Schuldvorwürfe, und die immer wieder ausgesprochene Bestätigung meines Wirtschaftsprüfers, dass er keinerlei Fehler in meinem Verhalten erkennen kann, tröstet mich nur wenig. Nach 25 Jahren Unternehmertum stehe ich vor einem riesigen Trümmerhaufen und meine sämtlichen privaten Vermögen fielen diesem finanziellen Erdbeben zum Opfer. Parallel dazu erhebt die Staatsanwaltschaft Anklage wegen Konkursverschleppung im erschwerten Falle. Mein Gesundheitszustand hat sich durch die ungeheuren Belastungen der letzten Monate erheblich verschlechtert. Meine Nerven sind zum Zerreißen angespannt. In dieser für mich aussichtslosen Situation wird mir große Hilfe durch einen alten Freund zu Teil. Er ist einer der führenden Wirtschaftsanwälte Deutschlands und erklärt sich bereit, mich unter Verzicht auf seine Honoraransprüche vor dem Landgericht zu verteidigen.

Am 5. Mai 1996 beginnt die Verhandlung am Landgericht wegen schwerem Konkursvergehen. Der Staatsanwalt führt die Verhandlung äußerst aggressiv und erhebt schwere Vorwürfe gegen mich. Ich fühle mich von der ganzen Welt im Stich gelassen, und es fehlen mir zum ersten Mal seit langen Jahren die entsprechenden Worte zu meiner eigenen Verteidigung. Es ist einer der dunkelsten Momente in meinem Leben, indem ich an allem und jedem zweifle. Ich sitze auf meiner Anklagebank und schaue mit leerem Blick dem vorsitzenden Richter ins Gesicht. Dieser schaut mich plötzlich mit einem verständnisvollem sehr mitfühlenden Blick an und richtet folgende Worte an mich: „Seit 20 Jahren sitze ich nun in diesem Gericht vor und ich habe noch keinen Unternehmer in diesem Sitzungssaal erlebt, der sich durch ein solch selbstloses mitfühlendes Verhalten für seine gesamte Belegschaft trotz größter finanzieller Not eingesetzt hat. Sie haben durch ihr selbstloses Verhalten jeglichen finanziellen Schaden von anderen Menschen abgewendet und für alles mutig die Verantwortung übernommen. Es erschüttert mich sehr, dass der einzige Leidtragende dieses willkürlichen Bankverhaltens Sie selbst sind und sich jetzt ganz unten auf der sozialen Leiter wieder finden. Ich kann keinerlei Verschulden bei ihrem Verhalten feststellen und spreche sie von jeglicher Schuld frei."

Ich höre diese Worte wie durch einen Schleier und verlasse mit meinem befreundeten Wirtschaftsanwalt wie in Trance den Sitzungssaal. Als mich eine bezaubernde Frühlingsluft wieder in die Realität zurückholt, erinnere ich mich an mein Lebensmotto „Gib niemals auf", und ein großer Schauer der Dankbarkeit durchströmt meinen Körper.

Ich freue mich von Herzen über diese unerwartete Wende der Gerichtsverhandlung und beschließe spontan, heute sehr früh nachhause zu fahren, um wieder einmal einen harmonischen Abend mit meiner Familie verbringen zu können. In den letzten Monaten, insbesondere in den beiden letzten Wochen litt meine Familie besonders unter den dramatischen Geschehnissen. Des Öfteren standen Gerichtsvollzieher in meiner Abwesenheit vor unserem Anwesen und wollten Vollstreckungen durchführen, die jedes Mal von meiner Lebensgefährtin abgewendet werden konnten, aber auch hier wurde eine permanente Zunahme der Drucksituation fast körperlich spürbar. Die Beziehung mit meiner langjährigen Lebensgefährtin und ihrer Tochter litt seit Wochen unter einer ständigen Zunahme der persönlichen Gereiztheit und des immer weniger vorhandenen Verständnisses und Mitgefühls für die Belange des jeweils anderen. Als ich zuhause auf den Parkplatz unseres Anwesens fahre, sehe ich, wie meine Lebensgefährtin in sich versunken auf einer unserer Parkbänke sitzt.

Unser Hirtenhund Baladar hat mit einer Geste des Trostes seine Pfote auf ihre Beine gelegt. Ich fühle einen sehr tiefen Schmerz in meinem Herzen bei diesem Anblick. Bis spät in die Nacht sitze ich mit meiner kleinen Familie an diesem Tag zusammen, um nach Lösungsmöglichkeiten für eine familiäre Entspannung zu suchen und neue positive Ansätze für die nahe Zukunft zu finden. In der Nacht finde ich nur bedingt die nötige Schlafruhe. Ich leide sehr unter der schweren emotionalen Belastung meiner Lebensgefährtin. Am nächsten Morgen bei unserem gemeinsamen Frühstück unter unserem Lieblings-Lindenbaum treffen wir die Entscheidung, dass Katrin gemeinsam mit ihrer Tochter die nächsten Wochen und Monate in einer Eigentumswohnung ihres Vaters verbringt, damit sie den in naher Zukunft zu erwartenden Repressalien der Gläubiger nicht schutzlos ausgesetzt ist.

Eine Woche später am 14. Mai haben wir unseren Entschluss bereits in die Realität umgesetzt, und ich sitze alleine mit meinem Hund Baladar in der von kupferfarbenem Licht der Mai-Sonne ausgeleuchteten Gartenlaube meines Anwesens, und ein Gefühl von tiefer Trauer hat die Regie in meinem Herzen übernommen.

Am 16. Mai in den frühen Morgenstunden steht wieder ein mir bereits bekannter Gerichtsvollzieher vor meinem Haus und besteht darauf, diverse wertvolle Möbelstücke zu beschlagnahmen, und er teilt mir lapidar mit, dass auch mein ungarischer Hirtenhund als Rassehund pfändbar ist und er diese Pfändung auch durchführen würde, sobald er dazu beauftragt wird. Am frühen Nachmittag entscheide ich, umgehend Maßnahmen zu ergreifen, damit meinen von mir geliebten Baladar dieses Schicksal erspart bleibt. Vierzehn Tage später, nach dieser erschütternden Mitteilung fahre ich gemeinsam mit meinem Hund bis ins Weserbergland, um ihn dort einer Familie, welche mit vielen Wildhunden zusammen-lebt, für immer anzuvertrauen. Es war der einzige Platz für ihn, den ich bundesweit finden konnte, bei dem ich die Hoff-nung auf eine glückliche Zukunft für Baladar in hohem Maße spürte. Spät in der Nacht fahre ich alleine die Strecke von 1000 km zurück, und sehr oft bin ich den Tränen nahe und sehr verzweifelt. Spät in der Nacht sitze ich noch alleine in meinem kleinen Park und ich fühle mich sehr einsam. Ein starkes Gefühl von Hoffnungslosigkeit hat sich meiner be-mächtigt. Die Ereignisse der letzten Wochen und Monate ha-ben mich sehr erschüttert, und mein Gesundheitszustand, insbesondere die Situation meines Nervenkostüms, ist äußerst bedenklich.

Am nächsten Morgen fahre ich zu einem kleinen romanti-schen Café, um Kraft zu tanken und meine Gefühlswelt wie-der mit Hoffnung zu erfüllen. Ich sitze an einem kleinen Bis-trotisch und bin in die Lektüre meines Lieblingsbuches „De-mian" von Hermann Hesse vertieft, als ein mir bis dorthin unbekanntes Schwindelgefühl meinen Körper erfasst. Ich versuche noch, mich an dem Rand des Tisches festzuhalten, aber es gelingt mir leider nicht mehr, und an das darauf folgende Geschehnis kann ich mich nicht mehr erinnern.

Als ich aus meiner Bewusstlosigkeit erwache, befinde ich mich in der internistischen Abteilung des städtischen Kran-kenhauses. Ein junger Stationsarzt informiert mich darüber, was die letzten Stunden geschehen ist, und teilt mir mit, dass ich einen Nervenzusammenbruch erlitten habe und die bis-herigen Ergebnisse der Blutuntersuchung auch auf eine gro-ße Schwächung des körperlichen Gesamtzustandes hin-weisen. Sie können es auf keinen Fall verantworten, mich in den nächsten Tagen wieder nachhause gehen zu lassen, denn es seien noch verschiedene Untersuchungen des Herzkreislaufsystems und des vegetativen Nervensystems dringlich von Nöten. Ich überdenke meine Situation und komme zu dem Ergebnis, dass es wohl am besten ist, den Ratschlägen der Ärzte zu folgen und ihrer Erfahrung mit solch einer Situation zu vertrauen. In den nächsten Tagen und Wochen werden sehr viele Untersuchungen bei mir durchgeführt, und in Einzelgesprächen mit den Klinikpsychologen wird sehr deutlich, dass ich sämtliche Reserven meines Körpers und meines Nervenkostümes verbraucht habe. Am 10. Juni werde ich aus der Klinik entlassen und in meinen Entlassungspapieren finde ich ein Attest, welches mir für die nächsten sechs Monate jegliche Arbeitstätigkeit untersagt.

In den nächsten Tagen sitze ich oft stundenlang in meiner kleinen Parkanlage und reflektiere die Geschehnisse der letzten Wochen. Ich komme zu dem Ergebnis, dass es eine sehr deutliche Warnung für mich war, die äußerste Priorität ab sofort auf die Erhaltung meiner Gesundheit zu richten. Ich beschließe die Belastungssituationen in den nächsten Wochen und Monaten soweit es mir möglich ist zu reduzieren und jegliche unnötige Aufregung zu vermeiden.

Am 18. Juni besuche ich mit meinen Konkursordnern die städtische Schuldnerberatung, in der Hoffnung, dort eine angemessene Hilfe und Unterstützung für meinen weiteren Existenzaufbau zu finden. Im Laufe des Gespräches stellt sich jedoch heraus, dass die städtischen Schuldner-Berater mit einem Konkursverfahren meiner Dimension vollkommen überfordert sind und in keiner Form über die notwendige Ausbildung verfügen. Es ist für mich eine herbe Enttäuschung, denn ich habe mir eine umfangreiche rechtliche und soziale Unterstützung von Seiten dieser Experten erwartet.

Gemäß meinem Lebensmotto, beschließe ich am nächsten Morgen ein Konzept für notleidende Unternehmer, eingebettet in eine Verbandsstruktur auszuarbeiten, denn immerhin sind es über 30.000 jährliche Unternehmensinsolvenzen, bei denen insbesondere mittelständische Familien in große finanzielle Not gestürzt werden, und es gibt keine Vereinigung, welche diesen Menschen eine konkrete Hilfsstruktur anbietet. In den nächsten Wochen arbeite ich sehr konzentriert an diesem neuen Konzept, auch in der Hoffnung, dadurch für mich eine tragfähige Lösung zu finden.

Am 16. Juli lege ich das Konzept für Notleidende Unternehmer einem mir befreundeten Stadtrat vor, mit der Absicht, von ihm amtliche Strukturhilfe für die Einrichtung eines solchen Verbandes zu erhalten. Nach einem mehrstündigen Gespräch kommen wir jedoch gemeinsam zu dem Ergebnis, dass in der momentanen wirtschaftlichen Situation des Landes kein politischer Träger für dieses Konzept zu finden sei und es Jahre dauern kann, bis eine erfolgreiche Umsetzung erfolgen könnte.

Am 6. August wird eine Räumungsklage von meinen Gläubigern eingereicht, mit dem Ziel, dass ich mein historisches Immobilienanwesen verlassen muss, damit sie dieses besonders rentabel verwerten können. Zum ersten Mal wird mir bewusst, dass ich mich bald mittellos auf der Straße wiederfinden werde, wenn nicht in Kürze ein kleines Wunder stattfinden würde. Meine sämtlichen Konten sind mittlerweile gesperrt und die Kreditkarten der diversen Bankinstitute musste ich zu deren Löschung bereits vor Wochen abgeben. Kurz vor Weihnachten hat sich meine Wohn- und Finanzsituation dramatisch verschlechtert. Der Räumungsklage wurde stattgegeben und mir verbleibt noch ein Zeitraum von einem Monat, mein Domizil zu räumen. Meine finanziellen Mittel sind total erschöpft, und ich verfüge über keinerlei Reserven mehr. In meiner Not beschließe ich in den kommenden Tagen, das Sozialamt aufzusuchen und dort um Hilfe zu ersuchen. Am Morgen des 10. Dezember 1996 stehe ich vor der Türe Nr.

202 im dritten Stock des Sozialamtes und eine Sachbearbeite-
rin namens W. ist für meinen Familiennamen zuständig.

Ich öffne die Türe und eine Frau Mitte 20 bittet mich, Platz
zu nehmen und mein Anliegen vorzutragen. Ich studiere ihre
Erscheinung und versuche etwas Freundliches in ihrem Wesen zu entdecken. Schon nach den ersten Minuten unserer
Konversation bemerke ich bei ihr ein sehr unfreundliches
und unmenschliches Verhalten, welches für mich bei einem
Menschen, der es sich zu seiner Lebensberufung gemacht hat,
anderen Menschen in Not zu helfen, keinerlei Raum einnehmen dürfte. In einem sehr süffisanten Ton fragt sie mich, was
ich denn als ehemaliger Unternehmer überhaupt bei ihr wolle, und ich hätte doch sicherlich genügend Reserven auf Konten in anderen Ländern heimlich in Sicherheit bringen können, wie es doch bei so vielen meiner Unternehmerkollegen
seit Jahrzehnten Gang und Gebe sei.

Ich antworte ihr sehr höflich und freundlich, dass dieses
Ansinnen bei mir nicht zuträfe und ich mich derzeit in einer
sehr hoffnungslosen und Lebensexistenz bedrohlichen Situation befinde und mein Wohnungsdomizil in den nächsten
Wochen zwangsgeräumt wird, so dass ich mich dann mittellos und ohne Wohnung auf der Straße wiederfinde. Sie schaut
mich mit einem gefühllosen Blick ohne jegliche Emotion sehr
abweisend an und teilt mir mit, dass sie derzeit für mich gar
nicht zuständig ist, denn die Voraussetzung für eine Zuständigkeit des Sozialamtes ist ein angemeldeter Wohnsitz mei-
nerseits in ihrem Zuständigkeitsbereich. Ich teile ihr mit, dass
ich finanziell nicht in der Lage bin, mir eine eigene Wohnung
zu suchen und zu bezahlen. Ihre Antwort darauf möchte ich
im Original wiedergegeben: „Es wird Ihnen dann nichts anderes übrig bleiben, als im städtischen Männerwohnheim die
nächsten Wochen und Monate zu verbringen und vielleicht
gelingt es Ihnen ja, einen ordentlichen Wohnsitz in meinem

Zuständigkeitsbereich anzumelden, ansonsten kann ich Ihnen in keiner Form weiterhelfen und bin auch nicht zuständig für Sie." Ich fühle mich wie von einem D-Zug überrollt und kann es nicht fassen, wie ich hier behandelt werde und welche unmenschlichen Gefühle mir entgegenschlagen aus einer Behörde, welche doch für die Hilfe am Menschen in Not vom Staat eingerichtet wurde. Vollkommen konsterniert verlasse ich diese menschenfeindliche Stätte und erinnere mich an die Worte meiner Großmutter, sie möchte niemals dem Staat zur Last fallen, auch wenn sie sich in größter Not befände.

25 Jahre habe ich keinerlei Unterstützung von Seiten Vater Staates in Anspruch genommen und alle meine Ausbildungen selbst finanziert. Die von mir bezahlten Einkommens- und Gewerbesteuern bewegen sich schon längst in sechsstelliger Höhe. Und jetzt, wo ich dringend Hilfe benötige, werde ich behandelt wie ein Parasit der Gesellschaft. In meiner tiefen Verzweiflung besuche ich meine liebe Schwester Irene und schildere ihr diese für mich sehr belastende Situation. Völlig unerwartet schlägt sie mir vor, ein befreundetes indisches Ehepaar in deren Familienpension aufzusuchen und dort meinen Wohnsitz für die nächsten Monate anzumelden und somit die Voraussetzung für die Zuständigkeit des Sozialamtes zu erfüllen.

Es ist wie ein kleines Wunder in der Not, wie ein tapferes Flackern des Kerzenlichtes als Symbol, der nie erlöschenden Hoffnung für uns Menschen in den dunkelsten Momenten tiefster Verzweiflung unseres irdischen Daseins. Ein Gefühl tiefster Dankbarkeit ergreift mich.

Am nächsten Morgen packe ich die notwendigsten Kleidungsstücke und persönlichen Utensilien in meinen kleinen Reisekoffer, ein altes Erinnerungsstück meines Großvaters, und fahre mit der Buslinie neun, so wie es meine Schwester mir beschrieben hatte, bis zum Hauptbahnhof, von dort gehe ich den restlichen Weg zu Fuß. Eine halbe Stunde später stehe ich mit meinem kleinen Koffer vor der Rezeption der „Pension Rose", und mit klopfenden Herzen betätige ich die Sprechanlage. Eine freundliche Frauenstimme mittleren Alters mit dem bekannten indischen Dialekt in ihrer Stimme fragt nach meinem Anliegen, und ein paar Minuten später öffnet mir eine in bunten Farben sehr geschmackvoll gekleidete und äußerst höfliche Frau die Eingangstüre. Die offene, sehr menschenfreundliche Begrüßung erwärmt mein Herz, und ich erläutere ihr mit kurzen Sätzen meine prekäre Situation und richte ihr herzlichste Grüße von meiner Schwester aus. Sie verschwindet für einen kurzen Augenblick in den privaten Wohnräumen und bittet mich dann in ihrem Esszimmer Platz zu nehmen. Ihr Ehemann begrüßt mich auch aufs herzlichste und teilt mir bei einer Tasse Chai-Tee seine Entscheidung mit, dass ich ab sofort wieder einen festen Wohnsitz unter den Füßen habe und ab morgen in ein kleines Dachzimmer mit französischem Balkon einziehen kann. Überglücklich verabschiede ich mich von dem reizenden indischen Hoteliers-Ehepaar. In den nächsten Tagen richte ich mir mein neues Zuhause so gemütlich wie möglich ein, und mit ein paar sehr persönlichen Erinnerungsstücken dekoriere ich meinen Wohnbereich, so dass ich mich zuhause fühlen kann. Ich tausche mein altes Wohndomizil mit 180 m^2 Wohnfläche ein gegen ein Dachzimmer mit 14 m^2, und dennoch bin ich sehr dankbar, dass mein sozialer Absturz im freien Fall wenigstens vor der letzten Stufe gebremst wurde und mir der Aufenthalt in einem Männerwohnheim erspart blieb.

Tausende von konkursgegangenen Unternehmern fallen jedes Jahr im freien Fall durch alle sozialen Raster, und es gibt keine Hilfsorganisation, die sich aktiv für diese in Not geratene Zielgruppe einsetzt. Meistens werden bei notleidenden Unternehmern sämtliche Altersversorgungen wie private Lebensversicherungen, Leibrenten etc. gepfändet, und Ansprüche auf Arbeitslosengeld oder staatliche Altersrente bestehen nicht. Aufgrund der Abgabe der eidesstattlichen Versicherung können die meisten von ihnen keinerlei neue unternehmerische Aktivitäten mehr entwickeln und sind somit auf Dauer in einer unmenschlichen finanziellen Abhängigkeitssituation von städtischen Sozialämtern gefangen. Eine seit Jahrzehnten bestehende Situation, die vielen Menschen nicht bekannt ist.

Am 16. Januar 1997 spreche ich erneut bei dem jetzt zuständigen Sozialamt vor und lasse mich nicht mehr von der unmenschlichen Behandlung der einzelnen Sachbearbeiter irritieren.

Am 2. Februar 1997 bekomme ich den amtlichen Sozialbescheid in meine kleine Pension gesendet, der mir für ein halbes Jahr ein Existenzminimum von insgesamt 749 DM inklusive Mietzahlung garantiert. Es wird eine neue große Herausforderung für mich sein, von 380 DM in Monat mein neues Leben zu finanzieren, aber mit Gottes Hilfe wird mir auch dies gelingen.

Danksagung

Danke an alle, die Klaus und mir immer treu blieben und uns liebevoll beigestanden haben, besonders an Bine und Odjob, aber auch an Gerlinde und Esther, die trotz ihrer anderen medizinischen Anschauung da waren.

Danke an Dr. Köhnlein für seinen Mut und seinen jahrzehntelangen Einsatz für die These der Dissidenten.

Danke an Bernhard Richter für seine Unterstützung bei der Bearbeitung des Manuskripts.

Danke an Paul Imhof für seine Begleitung über so viele Jahre und das Geleitwort zu dieser Biographie.

Danke an Barbara O Kane, dass ich ihr wundervolles Bild „Die Herzen fliegen zur Sonne" für den Umschlag verwenden durfte.

Literaturhinweise

[1] Paul Imhof, Prof. für Theologie und Religionsphilosophie, Leiter des Curriculums christozentrisches Familienstellen: Systemische Kommunikation, Perspektiven systemischen Aufstellens, Taufkirchen 2017, ISBN 978-3-933902-36-8

[2] Paulo Coelho, Handbuch des Kriegers des Lichts, Diogenes, ISBN 3-257-06277X

[3] Heinrich Kremer, Die stille Revolution der Krebs- und Aids-Medizin, Ehlers, ISBN 3-934196-14-6

[4] Rüdiger Schache, Das Geheimnis des Herzmagneten, Nymphenburger, ISBN 978-3485-01140-5

[5] Neues Testament

[6] Hilde Zielinski, Die Geschichte von Eddi und Josef, AsaNisaMasa, ISBN 978-3-934654-075

[7] Max Gerson, Eine Krebstherapie - 50 geheilte Fälle, Waldhausen, ISBN 3-3-89881-013-5

[8] Brent W. Leung, House of numbers, DVD Kopp

[9] Jin Shin Jyutsu - Die Kunst der Selbstheilung durch Auflegen der Hände, Waltraud Riegger-Krause, SüdWest, ISBN 978-3-517-06820-6

[10] Luise L. Hay, Umkehr zur Liebe, Rückkehr zum Leben, Heyne, ISBN 3-453-15684-6

[11] Prof. Duesberg, Inventing the aids virus PD, Regenery publish, Washington DC, 1996, mit Co-Autoren im: Italian Journal of Anatomy and Embryology, Dez. 2011

[12] Torsten Engelbrecht & Klaus Köhnlein, Virus Wahn, Emu, ISBN 978-3-89189-013-5